JN087263

Minerva Shobo Librairie

ライフキャリアを考えるための論点10

ライフスタイルの選択

吉田あけみ
［編著］

ミネルヴァ書房

はじめに

現代社会を生きるためには，自分の人生キャリアをデザインし，選択していかなければならない。選択をするためには，選択の必要があることを知り，選択のための情報収集力を高め，情報を理解し，取捨選択する力が必要になる。それらの力の必要性を理解し，それらの力を高めていくことが，人生キャリアの形成には大切である。

日々の暮らし方すなわちライフスタイルの集積，その経験の積み重ねがライフキャリアを形成すると考え，ライフキャリアの選択の基礎となるライフスタイルについて，各分野から選択の必要性を論じ，選択のための情報やヒントを盛り込んだ。

現在，大学においても，キャリア教育の必要性がいわれ，一年次から「ライフスタイル」や「キャリア」を冠した授業が開講されている。専門教育においても「ライフスタイル論」や「女性とライフステージ」等の授業が開講され，各地の女性センター等でも同様の講座がみられる。

本書ではこれらの学びに資するために，ライススタイルを考えることの重要性や社会的な背景を学んだうえで，家族・生殖・教育・職・心理・法・社会福祉・食・性・スポーツ等のそれぞれの分野におけるキャリア形成について考えるための情報を提供している。

よって，本書は大学の専門教育のテキストとして，編んだものではあるが，一年次からのキャリア教育のテキストとしても使用していただけるであろうし，生涯学習の場においてもご活用いただければ幸いである。

吉田あけみ

ライフキャリアを考えるための論点10——ライフスタイルの選択　**目　次**

はじめに

序　章

ライフキャリアについて考える

あなたはライフスタイルについて考えたことがあるだろうか。ライフキャリアをプランニングしたことがあるだろうか。その人の暮らし方，生き方がライフスタイルであり，その積み重ねがライフキャリアである。日々の暮らしの延長線上にその人なりのライフキャリアがある。その日々の暮らしは社会の影響を受けているし，過去の経験が今の生き方につながっている。そして，未来の社会や未来の暮らしを創っていくのは，今のあなたである。

納得できるライフキャリアを重ねるために，あなたを取り巻く現代社会の状況を知り，自分の人生設計を考えてみよう。あなたの人生の主役はあなた自身である。自分のライフキャリアをプランニングしてみよう。

1　ライフキャリアを問う必要性

現代社会に求められる選択力

現代社会に生きているわれわれにとって，人生は所与のものではない。かといって好き放題・選び放題というわけでもない。にもかかわらず，何らかの選択をしなければ前に進むことができない。人生を前に進めていく，日々暮らしていくためには，日々の問題を解決し，何らかの選択をしていかなければならない。そんな現代社会における生・生活を考えるためには，自分のライフキャリアを自覚し，個人のライフキャリアを取り巻く社会を理解する必要がある。

前近代社会においては，個々人の暮らし方も人生もかなり制約が厳しく，ある程度は所与のものとして存在していた。個人の努力ではどうにもできないようなことが多く，特に自分の人生を問うこともなく，また問うたとしてもそれで何かが変わるというものでもなかった。近代以降，個人の選択の幅が広がり，そのことにより，生きる意味や暮らし方を問うことが許され，またその必要が増してきた。そんな近代社会に適合したライフキャリアに慣れてきた昨今，社会はポスト近代社会に突入している。ポスト近代社会の今を生きるわれわれは，さらに今を生きるために，ライフキャリアを問い，考える必要に迫られているといえるだろう。

われわれの日々の暮らしは選択の連続である。日々何らかの問題が起こり，それを解決していかなければならない。そのための情報収集力・情報理解力・決断力が求められている。それらの力を研ぎ，日々の暮らしを進めていかなければならないとともに，目先の問題にのみとらわれて，先行きが見通せないということでも困る。自分の人生をプランニングして，そのプランにのっとった日々の行動が求められる。もちろん，計画通りにすべてが行くわけでもなく，随時，修正が必要である。修正しつつ，目標に向かって進んでいかなければならない。

過去を見つめ，未来を設計する

ライフキャリアについて考えるに際しては，まずは今までの自分の人生を振り返ってみる必要があるだろう。そのうえで，現在の暮らしを考え，未来を設計していくべきである。

今の暮らしが未来永劫に続くという保証があるわけでもない。昨今のCOVID-19の感染拡大に伴うさまざまな規制や変化に鑑みれば明らかであろう。情報も日々刻々と変化する。最新の情報を入手し，その真偽を的確に見極めることも大変難しいことではあるけれど，できるだけしっかり考え，見極め，理解したうえで納得のいく選択をしたいものである。

誰の人生にも限りはあるが，本人が納得したうえで暮らしを選んでいくことによって，悔いのない人生を全うできるのではないだろうか。過去を変えることは確かにできないが，過去を見つめ，振り返り，課題を見つけたうえで，未来をプランニングしていくことはできる。

暮らしのなかの疑問から課題を見つけ，仮説を立て，その仮説の検証によって科学は発達してきた。いわゆる自然科学については，このようなサイクルを理解している人々も，自身の暮らしや人間関係についても同様であるということについては合点がいかない人も多いだろう。しかし，これらは同じことである。自分の周りを過去も含めてよく観察し，そこから課題を抽出し，解決の糸口を見つけ，実践してみる。その成功体験や失敗・反省の先に未来があると考えることができないだろうか。そう考えたならば，何事もまずはやってみるというような積極性も生まれてくるだろう。やってみることによって新たな疑問も生じてくるであろうし，そのために必要な自分の能力や努力目標も見えてくる。そしてそれをまた新たに体験することによって，前へと進むことができる。

未来を創る

COVID-19の感染拡大に伴う，授業スタイルの変化・就業スタイルの変化等によって，否応なく新しい環境に突入した感があるが，おかげで社会の IT 化も個人の IT 関連技術の向上も一気に進んだ。しかし，導入の初期においては，サーバーがダウンしてしまったり，個人の IT 環境の脆弱さが露呈したりと，さまざまな障害が発生した。しかしそれを一つひとつ解決しながら，何とかこの環境下でのより良い学びの方法・教授の方法・研究の方法・就業方法を模索し，実行してきている。この変化を振り返れば，それぞれが日々の課題と向き合い，何とか乗り越えてきたということが理解できるだろう。

人生は確かに何が起こるかわからないし，今われわれが暮らしている社会もどのように変化するか未確定ではある。しかし，それらの変化もある程度予測できるものもある。予測できる変化・リスクについて何等かの対策をとることができるのも人間である。社会の変化についても，確かに人間は社会のなかに生きているが，その社会を創っていくのもまた人間であるので，社会の変化に対して全く無力というわけではなく，何とかリスクを回避するための働きかけなり，個人の行動変容も可能である。

今，国際社会においては，SDGs[1] が盛んに唱えられ，持続可能な社会の構築が目指されている。SDGs とは，「Sustainable Development Goals（持続可能な開発目標）」の略称である。2015年の国連サミットで採択され，2016年から2030年の15年間の達成目標を掲げている。「4．質の高い教育をみんなに」「5．ジェンダー平等を実現しよう」「8．働き甲斐も経済成長も」などの17の目標が掲げられている。このように社会を持続可能にしていくことにより，個人のライフも持続できることになる。よって，そのために今できること，しなければいけないことを理解することもまた，自身のライフキャリアを考えることにつながる。

SDGs　17の目標

1　貧困をなくそう
2　飢餓をゼロに
3　すべての人に健康と福祉を
4　質の高い教育をみんなに
5　ジェンダー平等を実現しよう
6　安全な水とトイレを世界中に
7　エネルギーをみんなにそしてクリーンに
8　働き甲斐も経済成長も
9　産業と技術革新の基盤を創ろう
10　人や国の不平等をなくそう
11　住み続けられるまちづくりを
12　つくる責任　つかう責任
13　気候変動に具体的な対策を
14　海の豊かさを守ろう
15　陸の豊かさも守ろう
16　平和と公正をすべての人に
17　パートナーシップで目標を達成しよう

出典：国際連合広報センター（2019）。

2 ライフを形成する要素を検討する

居場所を求めて

日々の暮らしは，衣食住からなっている。さらにそれらに加えて現代社会においては情報が必要であろう。そして，それらを安定的に得るためにはお金が必要である。そのお金を稼ぐためには，何らかの職業に就くことが求められる。しかし，我々はそれだけでは生きにくい。職業を継続するモチベーションは，お金だけではない。職業を通じての自己実現であったり，職場の人々との人間関係であったり，職業による社会的貢献が職業の継続を支えている。

かつてのモーレツ社員であれば，日々の暮らしの中心は，そのような職業であったかもしれないが，現在の人々は必ずしもそうとも限らない。家庭生活中心の人，職業生活中心の人，そして趣味等の活動中心の人等さまざまである。その配分は人それぞれであろうが，家庭のみでもなく，職業のみでもなく，趣味の活動のみでもなく，またその他地域の活動等，さまざまな活動によって，暮らしは営まれている。その割合は，人それぞれであるとともに，ひとりの人にとってもその時々で変化する。子どもたちは，大人の職場にあたるものが学校ということになるのであろうが，その学校生活のなかでも部活動が中心であったり，学業が中心であったりとさまざまであろう。また，子どもたちの学びも学校だけとは限らない。塾であったり，家庭学習であったりといろいろな場所でいろいろな方法で学びと向き合っている。

このように，ライフを形成する要素は多数存在する。どれが欠けても生きにくく，どれもが大切な要素ではあるが，その配分の選択肢は多様である。住は自宅という意味だけでなく，居場所とも考えられる。居場所はひとつとは限らない，子どもたちの居場所は学校と家庭が中心であろうが，どちらも居心地が常にいいとは言い切れない。そんな時に趣味の場所であったり，塾であったり，学童保育所であったり，おばあちゃんちおじいちゃんちであったり，お気に入りの公園であったりと，多数の居場所があればいい。

日々の暮らしを営む場所を時間ごとに振り返ってみると，多様な場所にいることが確認できるであろう。そして，それぞれの場所の居心地の良さや，それらの場所が占める時間の長短を振り返ってみると，あなたのライフを形成する要素が見えてくるだろう。今自分が大切にしているものがそれに反映されているのか，そのずれが息苦しさにつながっているのか等，日々の暮らしをそれぞれの要素に分解して振り返ってみよう。

衣食について考える

衣についてはどうだろうか。前近代社会に比べれば，禁忌事項は少なくなったとはいうものの，レストランによってはドレスコードがあるところもあるし，TPO に合わせた装いを求められることもあるだろう。それに加えて日本の場合には季節感も問われるし，和装には着物の格が問題とされることもある。そんな衣に関する振る舞いを，自立して行うことができているだろうか。自立して行うということは，ひとりで着物が着られるかどうかということではない。ひとりで着物が着られるにこしたことはないが，着物を着るために着付けの予約をすることができれば，自立した衣生活を営めているということになるだろう。少なくとも裸で外に出るわけにはいかないので，その日の TPO に合わせた衣服を自分で選び，自分で着る，もしくは着るための手配ができていることが大切である。前近代社会においては，それほど多様な場所に出かけることもなく，また身分によって着物の素材や色が制限されていたので，選択の幅も少なく，思い悩むこともなかったと思われるが，現代社会は選択肢は多様にあり，さらに出かける場所も多種多様であるので，衣生活における自立も大変である。が，かつてのようにそれらを自ら機(はた)を織り，仕立て，洗いというようにして整えなくてはならないわけではないので，時間的には楽になったとも考えられる。しかし，その反面，自分で縫うこともできるが，オーダーすることもできる。既製品を購入することもできる。手洗いもできるが，洗濯機で自分で洗うこともできるし，クリーニング屋さんに出すこともできる。それらをいちいち検討して，選択して行動していかないと暮らしを前に進めていくことができない。そういう意味において，現代社会における衣を取り巻く状況は複雑である。

食については，どうだろうか，満足のいく食生活を営んでいるだろうか。食生活は自立しているだろうか。もちろん現代社会において自給自足はなかなか難しい。が，自分で納得のいくものを選択して食べているだろうか。すべてを手作りして，疲れてしまう必要もないが，もし，日々の食を支えてくれている人の支えが何らかの事情でなくなったとしても，日々の食を賄うことはできるだろうか。食についても考えておくことは必要だろう。栄養面の課題等，ライフスタイルやライフステージに合わせて必要な知識もある。それらについても本書の第8章等で学び，検討してみよう。

情報収集力を高める

情報については，どうだろうか。現代社会には，たくさんの情報があふれているが，自分から積極的に情報を取りにいかなければ，取り残されてしまう危険もある。情報収集力が必要とされるゆえんである。そして集めた情報の真偽を検討する情報リテラシーも大切である。似非情報も蔓延している現代社会において，自分自身で情報にアクセスし，取得した情報を取捨選択することが求められる。そのためには，日々のニュースに耳を傾け目を見開き，批判的に情報を見極める力も求められている。

現代の暮らしを支える要素は複雑で，多様である。それらの要素ごとに自分自身で検討し，選択することで，日々の暮らしが成り立っている。その複雑多様なものを，できるだけ，よりよく納得して選択できるように，ライフスタイル・ライフキャリアを考える必要がある。

3　ライフを支える環境を考える

社会のなかに生きる人間

私たちの暮らしは，社会のなかにある。人間は社会の影響下で生きるとともに社会をも変えていく力も，もっている生き物である。日々の暮らしのなかにおいては社会等遠い世界のもので，そんなことは関係ないと思っているかもしれないが，とくに何か事が起これば，否が応でも社会の影響があることを確認することになる。COVID-19の感染拡大とともに，緊急事態宣言が出たり，その結果として，大学の授業がリモートになったり，2020年，2021年は，とくに社会の影響下で生きていることを確認させられた年ではなかっただろうか。国によって対策が違ったり，あるいは国内においても地域によって対応が異なっていたりと，何かと社会的な制約のもとでの暮らしを求められた。それに対して，法制度を拡充する必要があるとか，否，過度な制限は避けるべきであるとか，さまざまな議論があった。つまり，それらの議論を重ね，政治に働きかけて，社会を変えていく力もわれわれは有している。

2020年は環境に配慮するという理由で，レジ袋が有料化され，エコバッグの持参が推奨された年であったにもかかわらず，COVID-19の感染予防のためには，使い捨てバッグの方がよい，あるいはエコバッグはこまめに洗わなければならない等の言説が飛び交い，日々の行動において，こまごまと決断を強いられる場面が増えた年でもあった。持続可能な社会を目指すためには，使い捨て文化は考え直す必要があるのかもしれないが，その一方で，ウィルスの感染防止の観点からは使い捨ての方が安全である。日々，選択を迫られ，面倒臭くなっている人もいるかもしれないが，その時点での科学的なエビデンスを入手し，自分なりに検討して，行動していかなければならない。

社会環境を考える

SDGs が定められ，われわれを取り巻く社会環境が大きく変化している今こそ，社会環境に思いをはせ，それに影響を及ぼすであろう自分自身の行動について今一度立ち止まって考える必要がある。が，やみくもにエコバッグを使えばいいということではなく，衛生面の問題を考えると石油由来ではない使い捨てバッグの方がいいのかもしれない。良く考えて行動していくべきであろう。電力消費を抑えた方がいいからといって，クーラーの使用をためらい，熱中症になっても困る。が，そのために原子力発電に頼るのも問題があると思う人もいるであろう。だとしたら，どのような電力システムなら容認できるのか，どのような状況であれば，原子力発電も問題が少ないのかというように，メリット・デメリットを丁寧に考える必要があるだろう。

そのような社会問題については，遠い世界のお話のように感じて，あまり意識できない人もいるかもしれないが，社会とは地球とか国レベルのものだけでない。われわれのごくごく身近な地域社会や，友人集団，家族も社会である。そう考えれば，暮らしの周りには，たくさんの社会があり，それらの影響下で暮らし，それらに影響を与えているということは容易に理解できるであろう。そして，その社会は日々変化している。そんな周りの社会に生かされていることを知ったうえで，変化に取り残されず日々暮らしていかなければならない。また我々の思考も社会に影響されているかもしれないことを理解し，常に常識に対しても疑いの目をもって対峙し，より良い社会，より納得のいく生について考えてみよう。

人間関係を見つめる

社会を集団という言葉に置き換えてもなお，自分たちの日常の生活を支えるものであるとは考えにくい人もいるかもしれない。が，では社会を人間関係と置き換えてとらえてみたらどうだろうか。社会は人と人が集まって形成しているものである。人間は，人とかかわらずに生きていくことはできない。つまり，人は社会的な動物であり，社会のなかに生きているということである。そのように考えれば，ライフを支える環境の重要性が理解できるのではないだろうか。

人間関係のわずらわしさから，都会を離れる人もいれば，逆に都会に出てくる人もいる。都会であれ，田舎であれ，何らかの人間関係の下で暮らしが成り立っているということである。自宅に引きこもっている人も，何らかの手段でお金を入手し，それらを元手にして，必要最小限のサービスを購入しなければ生きていけない。自らそれらを入手することができない人は，家族をはじめとする周りの人に支えられて暮らしている。とくに電力や水は，電力会社や水道局が機能していなければ入手が困難である。自家発電を試みたり，沢の水を引いたりと，ある程度の自給生活はできるかもしれないが，医療等について考えれば，多くの人々の支えで暮らしが成り立っていることがわかるだろう。とくに都会の生活においては，ごみ問題一つ考えても，多くの人々のおかげで，衛生的な暮らしを保つことができていることがわかる。COVID-19の感染拡大により，エッセンシャルワーカーの人々の働きに注目が集まったが，社会はエッセンシャルワーカーだけでなく，すべての人々の働きによって回っている。「社会に役に立つ仕事がしたいので，社会福祉士になりたい」という学生さんたちに出会う機会が多いのだが，すべての仕事は社会の役に立っており，社会はすべての人々の働きによって成り立っているのである。もちろん，ボランティア等の力を借りる場合もあるが，そのボランティアの人々の暮らしを支えているのは，その人の代わりに収入を得てきてくれる親御さんであったり，パートナーであったり，あるいは本人が別の時間に職業をもつことによって得た収入によって購入している物やサービスである。

このように，人間は社会的な動物であるので，好むと好まざるとにかかわりなく，人間関係のなかで生きている。誰かのサポートなしには生きていけないし，また，意識するかしないかにかかわらず，誰かに影響を与えている。そのように人間関係に囲まれて暮らしが成り立っているといえるだろう。ライフ（生活・生）を支える環境について，よく考える必要がある。

4 ライフとワークのバランスを考える

ライフ・ワーク・バランス

ライフを支えるものとして，職業があることは前述した。もちろん子どもたちや引退した人や資産のある人や何らかの事情で職業についていない人や専業主婦・専業主夫の人もいるだろうが，子どもたちには学業があり，障碍を抱える人々も作業所などで働いていたりもするので，多くの人々がいわゆる家庭外での働きをしているといえるだろう。その家庭外での働きをワークと位置づけ，それと，家庭内での生活のバランスの必要性がいわれている。「仕事と生活の調和（ワーク・ライフ・バランス）憲章[2)]」も制定され，仕事と生活のバランスをとることが推奨されている。しかしながら，主婦・主夫たちはただ遊んでいるだけではない。家庭内において無償の労働に従事している。にもかかわらず，ワーク・ライフ・バランス憲章のいうところではそれらの労働はライフに位置づけられている。

仕事と生活の調和（ワーク・ライフ・バランス）憲章（平成19年官民トップ会議策定）前文

我が国の社会は，人々の働き方に関する意識や環境が社会経済構造の変化に必ずしも適応しきれず，仕事と生活が両立しにくい現実に直面している。

誰もがやりがいや充実感を感じながら働き，仕事上の責任を果たす一方で，子育て・介護の時間や，家庭，地域，自己啓発等にかかる個人の時間を持てる健康で豊かな生活ができるよう，今こそ，社会全体で仕事と生活の双方の調和の実現を希求していかなければならない。

仕事と生活の調和と経済成長は車の両輪であり，若者が経済的に自立し，性や年齢などに関わらず誰もが意欲と能力を発揮して労働市場に参加することは，我が国の活力と成長力を高め，ひいては，少子化の流れを変え，持続可能な社会の実現にも資することとなる。

そのような社会の実現に向けて，国民一人ひとりが積極的に取り組めるよう，ここに，仕事と生活の調和の必要性，目指すべき社会の姿を示し，新たな決意の下，官民一体となって取り組んでいくため，政労使の合意により本憲章を策定する。

出典：内閣府　男女協同参画局 仕事と生活の調和推進室（2007）。

現代社会においては，家庭外における仕事の比重が増えていることも確かであり，また，そうはいうものの家庭内での生活を支える労働もあり，そのバランスが難しいところだろう。さらに，その配分には，男女の差が大きくあり，性別によるアンバランスが問題になっている。しかしよく考えてみると，家庭内における生活を支える活動も労働である。であるからこそ，そのペイドワークとアンペイドワークのジェンダーバランスが問題になるわけである。つまり，いわゆるワーク・ライフ・バランスは実はペイドワークとアンペイドワークのバランスであって，いうならば，ワーク・ワーク・バランスである。

ワーク・ワーク・バランスの個人間でのバランスももちろん重要であるし，ジェンダーによるアンバランスは由々しき問題であることは間違いないが，真にワークとライフのバランスを問うならば，有償労働と無償労働のバランスを問うのではなく，趣味等のワークではないライフ（生）活動とのバランスを問うべきだろう。

家庭外における有償労働と家庭内における無償労働と，趣味等のライフ（生）活動のバランスこそが，ライフとワークのバランスということになるだろう。何のために有償労働に従事するのかを問うた時に，趣味等の活動資金の調達をあげる人も多い。であれば，趣味などの活動に割く時間も体力もないような働き方であれば，有償労働も破綻してしまうだろう。その一方で趣味等の活動にうつつを抜かしすぎて，時間も体力も使い切ってしまうようであれば，有償労働にも影響が及ぶだろう。また，それらの活動を支えるための生活を維持するための無償労働，洗濯や炊事や掃除の時間も，ある程度は捻出する必要がある。それらのバランスがライフ（生活・生）を安定したものにするだろう。

家庭内のライフ・ワーク・バランス

これらの活動が個人のなかでバランスがとれていることが重要である。しかしながら，日々の暮らしは家族を単位としてなされていることもある。そうであるならば，その家族内でのバランスも重要になってくる。高度経済成長期は，主に女性たちが，家庭内の無償労働に従事し，男性たちが家庭外の有償労働に従事していた。ある意味においては，バランスがとれていたのかもしれない。しかしながら，それは片働き世帯においては適応的だったのかもしれないが，共働き世帯や，単身世帯においては，バランスを欠きがちなものだった。とくに共働き世帯においては，有償労働を担っている女性たちにも，家庭内での無償労働への期待が集中することとなり，加重労働になりがちだった。昨今では，図表序-1のデータでわかるように共働き世帯の方が多い。しかしながら相変わらず家庭内労働が女性に集中しており，女性の過重負担が問題視されている。女性たちの一日も24時間しかない。家庭内労働に時間を割かれる分，有償労働に割く時間が減り，パートタイマーにならざるを得なかったり，趣味の時間を削るしかなかったりという問題が生じている。男性たちのなかにも，家庭内労働に時間をかけたかったり，時間をかけざるを得ないシングルファザーなどが，男性ゆえにより過度な有償労働への期待をかけられて，そのバランスに悩まされたりしている。男性に課されている有償労働に対する期待が大きすぎて，趣

図表序－1　専業主婦世帯と共働き世帯　1980〜2020年

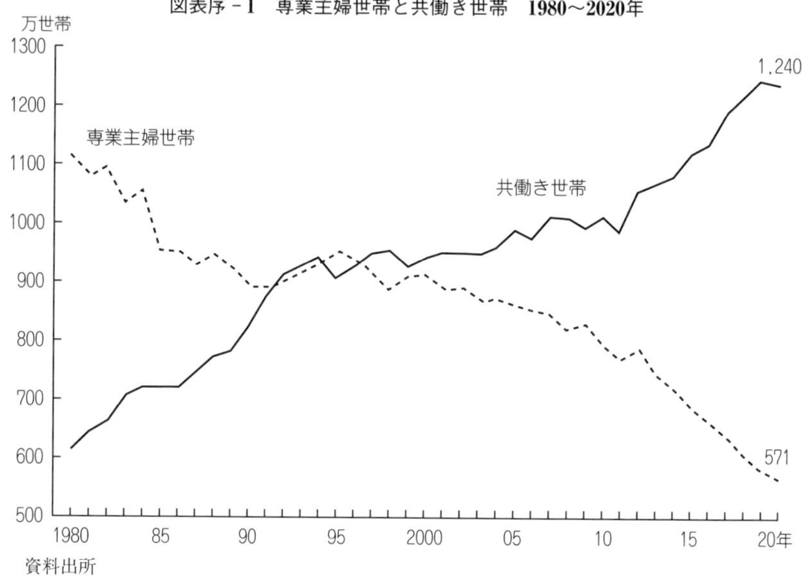

資料出所
総務省「労働力調査特別調査」，総務省「労働力調査（詳細集計）」
注1　「専業主婦世帯」は，夫が非農林業雇用者で妻が非就業者（非労働力人口及び完全失業者）の世帯。2018年以降は，厚生労働省「厚生労働白書」，内閣府「男女共同参画白書」に倣い夫が非農林業雇用者で妻が非就業者（非労働力人口及び失業者）の世帯。
注2　「共働き世帯」は，夫婦ともに非農林業雇用者の世帯。
注3　2011年は岩手県，宮城県及び福島県を除く全国の結果。
注4　2013年〜2016年は，2015年国勢調査基準のベンチマーク人口に基づく時系列用接続数値。
出典：独立行政法人労働政策研究・研修機構「早わかり　グラフでみる長期労働統計」。

味の時間も思うようにとれない男性たちもいる。

労働の生産性をあげるためにもワーク・ライフ・バランスが必要であるということで，お役所も重い腰を上げて対策に取り組んでいるが，リフレッシュして労働の生産性をあげるというならば，無償労働に割く時間の担保のみでなく，趣味等のライフ（生）に割く時間の確保に向き合う必要があるだろう。リフレッシュ休暇やボランティア休暇・サバティカル等の制度も徐々にではあるが浸透しつつある。それらもうまく利用して，日々のバランスをとるだけでなく，長期的な視点でのライフとワークのバランスを考えることも大切である。

学習課題

1．過去，現在，未来の私を，自分から見た私と，自分の希望の私と，他者が見ているであろう私と，他者に見られたい私に分けて，絵であらわしてみよう。

2．日本におけるSDGsの達成状況を調べてみよう。

スタディガイド

① 上野千鶴子（2003）『なりたい自分になれる本』学陽書房。

⇨自己分析のワークが盛りだくさんの本である。さらに自分のターニングポイントにおける問題解決の方法を考えることができるワークも掲載されている。主に女性に向けて，ライフプランニングのすすめが書かれている。

② 川崎友嗣編著（2019）『大学生のためのキャリア・デザイン　自分を知る・社会を知る・未来を考える』ミネルヴァ書房。

⇨「第１部　社会で働くとは」「第２部　自分を知るとは」「第３部　将来を考えるとは」の三部構成で，キャリアをデザインすることを目的に編まれている。数多くのワークで構成されており，ワークをすることによって，自分を見つめ直し将来を設計できるようになっている。生涯をかけて自ら選び，育てていくキャリアの大切さを実感できる一冊である。

③ 高丸里香・宇賀田栄次・原田いずみ編（2021）『大学生として学ぶ自分らしさキャリアデザイン』有斐閣ブックス。

⇨特に大学生がたくさんの未来を楽しみながら想像し，自分のキャリアを自分で選んでいくための最新情報が満載の本である。多様なエクササイズが掲載されており，自分自身や社会について多様な視点から見つめ直すことができる本である。

注

1）持続可能な開発目標（SDGs）とは，すべての人々にとってより良い，より持続可能な未来を築くために国際連合において採択された目標である。貧困や不平等，気候変動，環境劣化，繁栄，平和と公正など，私たちが直面するグローバルな諸課題の解決を目指している。17の目標と169のターゲットからなっており，それぞれの目標は相互に関連している。2030年までに各目標・ターゲットを達成することが重要とされている。

2）2007年に，「ワーク・ライフ・バランス推進官民トップ会議」において，「仕事と生活の調和（ワーク・ライフ・バランス）憲章」及び「仕事と生活の調和推進のための行動指針」が策定された。その後，施策の進捗や経済情勢の変化を踏まえ，「憲章」と「行動指針」に新たな視点や取り組みを盛り込み，さらなる仕事と生活の調和の実現に向けて一層積極的に取り組む決意を表明するため，2010年，政労使トップによる新たな合意が結ばれた。その後ワーク・ライフ・バランスの実現のために，テレワーク普及促進対策が取られたが，普及促進には至らなかったものの，2020年には，COVID-19 の感染拡大の防止のために一気に普及するに至った。が，テレワークゆえのワーク・ライフ・バランスの難しさや，ジェンダー不平等等，新たな課題が噴出している。

引用・参考文献

加藤容子・小倉祥子・三宅美樹著（2014）『わたしのキャリア・デザイン――社会・組織・個人』ナカニシヤ出版。

木村雅文著（2013）『現代を生きる若者たち』学文社。

吉田あけみ編著（2014）『ライフスタイルからみたキャリア・デザイン』ミネルヴァ書房。

Beck, U. (1999) *World Risk Society*, Polity.（ベック，山本啓訳（2014）『世界リスク社会』法政大学出版局。）

国際連合広報センター（2019）「SDGs（エス・ディー・ジーズ）とは？　17の目標ごとの説明，事実と数字」
https://www.unic.or.jp/news_press/features_backgrounders/31737/（2021年 6 月30日最終閲覧）

独立行政法人労働政策研究・研修機構「早わかりグラフでみる長期労働統計」
https://www.jil.go.jp/kokunai/statistics/timeseries/html/g0212.html（2021年 6 月30日最終閲覧）

内閣府　男女協同参画局　仕事と生活の調和推進室（2007）「仕事と生活の調和（ワーク・ライフ・バランス憲章）」
http: //wwwa. cao. go. jp/wlb/government/ 20 barrier_html/20html/charter. html#container（2021年 6 月30日最終閲覧）

（吉田あけみ）

第Ⅰ部
多様なライフキャリア

第1章
家族キャリアの選択

あなたは，家族について考えたことがあるだろうか。あまりにも身近すぎてとくに深く考えたことはないかもしれない。あなたの暮らしや人生を考えるに際しては，家族は大変重要なキーワードになってくるだろう。しかしその家族とは何だろうか。考えてみると当たり前すぎてよくわからないかもしれない。多分に近代家族の家族観が反映されていると思われるが，では近代家族とは何だろうか。自分のライフスタイルは今あなたが家族だと思っているものから大きな影響を受けているだろう。そして，これからのあなたのライフキャリアを考える上では，これからあなたがどんな家族を形成するかあるいは形成しないかが重要な意味をもつだろう。そこで，家族について，「近代家族の常識」から自由になって考えてみよう。

1 家族とは何か

家族の定義

ライフを支える衣・食・住の中心には，家族があると思われる。そのくらい家族は身近なものであり，所与のものであるように思うだろう。では，家族とはいったい何だろうか。簡単に答えられそうに思うかもしれないが，実は結構難解な問いである。辞書を引けば，たとえば『広辞苑』には，「夫婦の配偶関係や親子・兄弟などの血縁関係によって結ばれた親族関係を基礎にして成立する小集団。社会構成の基本単位」と書いてある。また，家族社会学のテキスト『新しい家族社会学』（森岡・望月 1997）では「夫婦・親子・きょうだいなど少数の近親者を主要な構成員と，成員相互の深い感情的関わり合いで結ばれた，幸福（well-being）追及の集団」と定義とされている。しかしながら，この定義自体が，４訂版に至るまでに，二度改訂されている。つまり，先述のものは三番目の定義ということになる。初版から４訂版までには，約15年の時が流れているので，そういうこともあるのかと思うかもしれないが，こんなに身近なものが，たかだか15年の間に三度も定義が変化しているということである。これは実際の家族の急速な変化を表すものであろう。では，法律ではどのように定義されているのだろうか。現行民法には家族の定義は書かれていない。親族編において，親族の範囲が「六親等内の血族・配偶者・三親等内の姻族」（民法 第四編親族 第725条）とあるだけである。日常的には，「家族割」であるとか，「家族同士以外での５人以上での会食自粛」という使われ方がある。しかしながら家族の範囲や定義は明確ではない。スマートフォン等の「家族割」等の場合には，それらのサービスの主体に確認すれば，その契約における家族の定義は明確になる，しかしその定義が他社のそれに合致していない場合もある。民法の親族の定義に含まれていなくても家族とされていることもある。たとえば，現在の民法では，同性結婚は認められていないが，各種サービスにおいては，同性パートナーを家族として割引等の対象にしている場合もある。

あなたの考える家族とは何か

このように，家族についての一律の定義が存在しないことを確認した。ではあなたは「家族」をどのように認知しているだろうか。山田昌弘氏による家族の範囲の調査（1988年長野県Ｓ町における調査）では，法的関係・血縁関係・生活の共同・家計の共同・心理的近さといったキーワードが使用されている（山田 1994）。これらのキーワードをすべて使って，あなたの家族観を定義してみよう。さらに，お友達やあなたが家族だと思う人が定義した結果と見比べてみよう。お友達のみならず，あなたが家族だと思っている人との間にもずれがあるのではないだろうか。つまり家族の定義は多様であり，人それぞれであるということがいえる。どれが正しい，間違っているということではなく，それぞれの人々の家族に対するとらえ方が違うということである。

では今現在のあなたの家族はどのような家族だろうか。現在のという枕詞には意味がある。つまり，人は家族のもとに生まれ，家族を創ると考えられてきた。前者を定位家族（原家族），後者を生殖家族（結婚家族）という。すべての人が家族のもとで育つわけではないが，多くの人が，家族のなかに生まれ，家族のなかで社会化され，その社会の一人前の大人になるよう育てられてきた。成長した後は，これもまたすべての人ではないが，多くの人は結婚し，子どもをもち育て，自分たちの家族を創っていく。つまり，ライフキャリアを考える場合には，ふたつの家族について検討する必要がある。今までどのような定位家族のもとで暮らしてきたのかを振り返り，今後どのような生殖家族をもちたいのか，あるいはもちたくないのかも含めて，ライフプランニングする必要があるだろう。生殖家族をもちたいならば，いつごろか，どのような人と，子どもをもちたいならば，何人ぐらいか，いつごろかなど，あなたにとっての家族キャリアを考える必要がある。

2　近代家族からポスト近代家族へ

近代家族のイメージ

家族と聞いてイメージするものがいろいろあることは，前節で確認した。しかしその家族イメージのなかにも，かなり強固なものがある。いわゆる核家族イメージである。核家族とは「夫と妻とその未成年の子どもからなる家族」である。マードックが提唱した核家族説は，いずれの家族においても「夫と妻とその未成年の子どもからなる核」が存在し，さまざまに見える家族はそれらの核の集合体であり，その一つの家族核によって，性的機能・経済的機能・生殖的機能・教育的機能の四つの基本的な機能が営まれているというものであった(Murdock 1949)。そして，その核が一つだけで単独で存在する家族が核家族である。近代以前の社会においては，複数の核が存在する直系家族などが多かったが，近代社会に入り，核家族が増加してきたともいわれる。

家族イメージを挙げてもらうとよく出てくるものに，「お父さんが働きに出かけて，お母さんが家事育児をしている」というものもある。いわゆる「男は仕事，女は家事・育児」という性別役割分業である。しかしこれも近代家族の特徴に過ぎない。近代以前の社会においては，そもそも外で働く有償労働と内で働く無償労働の区別は明確ではなかった。女性たちも農業や漁業に従事していたし，男性たちもまき割りや簡単な大工仕事等，家事労働も担っていた。地域によっては，忙しい母親・父親・祖母ではなく，手の空いた祖父がもっぱら育児の担い手だったところもある。近代社会に入り，工場労働者が増えてきても，初期のころは，女性も子どもも大切な労働者であり，工場労働は男性の専売特許ではなかった。それが工場法等の制定により，女性や子どもたちは保護の名のもとに工場から締め出され，家庭外の有償労働の主な担い手は成人男性になっていった。高度経済成長期には，これらが明確になり，「男は仕事，女は家庭」の性別役割分業が強固なものになった。つまり，これらの現象は，生物学的な要因というよりも社会文化的な要因によって，特定の時代，つまり近代，特に日本においては，高度経済成長期に当たり前の現象であったに過ぎない。

ポスト近代社会を生きる

その社会，その時代には，適合的なシステムであったのかもしれないが，社会の変化とともに，システムにも不具合が生じてくる。まず，「男は仕事・女は家庭」とされた社会では，仕事を続けたい女性たちはとても生きにくい。「男は仕事，女は家庭」を当たり前とする社会においては，男も女も結婚していることが大前提である。結婚しない人々にとっては，男も女も生きにくい。そこでまず，男性と同等の仕事を求めて女性たちが立ち上がった。女性ゆえに希望の職につけないということは理不尽であるということで，第二波フェミニズム[1)]が勃興する。第一波フェミニズム運動は，近代社会のはじまりとともに誕生した人権が男性にのみ認められているのはおかしいとして，女性たちが声を上げたものであった。先進国においては，その声は社会に影響を及ぼし，変革が実現した。女性たちも参政権等の政治参加への権利を手にすることができたのである。その結果，フェミニズム運動は沈静化していった。しかし，参政権や学習権や財産権は確保できたものの，就労の権利が平等に保障されているとはいいがたい状況に先進国の女性たちが再び声を上げた。そして，女性の職場進出は進み，女性も仕事に就くことが珍しいことではなくなった。ではその結果として，男女は平等になったのだろうか。否，「男は仕事，女は家庭」から「男は仕事，女は仕事と家庭」に変化しただけであった。この変化は，むしろ女性たちに苦行を強いることになった。家事役割を期待されているなかでの仕事であるので，仕事に集中できなかったり，仕事を男性以上に頑張ったとしても，しょせん腰掛仕事であろうと期待されなかったりした。男性で，仕事も家庭も両方楽しみたいと思う人がいたとしても，思うに任せないことが多かった。

しかし近年，少子高齢化による労働力不足などの社会の側の変化により，ますます女性労働力への期待が高まり，またそれを支えるためには男性の家事・育児参画が必要であるということが認識され始め，徐々にではあるが，「男も女も仕事も家庭も」に変化しつつある。

これからの社会を生きるにあたっては，今までの親世代の当たり前から自由になって，ライフプランニングしていく必要がある。自分の定位家族に満足している人は，自分の生殖家族にも同様のものを求め，自分の定位家族に満足していない人は，自分の生殖家族には，別のものを求める傾向があるといわれているが，それは，社会が親世代と同様であるということが前提であろう。社会の変化のスピードは速い。社会が変化しているのに家族だけ変化しなければ，むしろ，家族は社会から置き去りにされてしまう。幸せな専業主婦の母親に憧れてもこれからの社会においてはそれは望むべくもないだろう。なんだかんだ大変でも企業戦士として頑張っていた父親を尊敬していても，父親が働いていた時代と同様に企業が従業員を一生面倒を見続けてくれる時代は終わり，父親と同様の家族を養えるだけの賃金が保障されるとも限らない。未来社会を予測し，その社会にある程度適合して生きていく必要がある。その時求められる家族像は近代家族のそれとは違ったものになるだろう。すでにその萌芽は見られ，「男も女も仕事も家庭も」という暮らし方を支えるために，ワーク・ライフ・バランス憲章[2)] が定められるに至った。真に，ライフと外でのワークと内でのワークのバランスがとれるような暮らし方・生き方・家族のあり様について，近代家族の当たり前から自由になって考えてみよう。

3 家族機能の変化

家族機能の社会化

生活を営むための衣・食・住の機能をかつての家族は担っていた。衣については，糸を紡ぎ，機（はた）を織ることも担っていた時代もある。布を買ってくる時代になっても，仕立ては家庭内で行われ，洗濯も，洗い張りなど，家庭内で行われていた。それらの主な担い手は女性であったが，必ずしも妻・母だけの役割ではなく，使用人や子どもたちもかかわって多くの人によってなされていた。食も農漁村部においては，自給自足的であり，食料調達も家庭もしくは地域で担われていた。住については，家庭内だけで賄うことはできなくとも，地域の人々の力を借りて棟上げ式などが行われ，専門家の大工だけの力によって調達されるものでもなかった。先述したように，マードックによれば，核家族内において，性的機能・経済的機能・生殖的機能・教育的機能の四つの機能があったとされる（Murdock 1949）。後にマードックの説は批判を受け，核家族以外の家族や親族，地域などもそれらの機能を担っていたとされるが，家族がそれらの人々が生活するための機能を多数担っていたことは事実だろう。

近代家族が成立すると，これらの機能は徐々に外部に譲り渡され，社会化されてきた。たとえば，着物や洋服は家で仕立てるものではなくなり，仕立てられた既製品を購入するか，オーダーして仕立ててもらうことが多くなった。食についても，食材は買ってくるものとなった。住は，大工さんが重機を駆使して建てる，もしくはある程度工場で整えられた資材を現場で組み立てるものとなった。教育は学校に，医療は病院へとそれぞれの専門機関が担うようになってきた。

家族頼みの家事・育児・介護の限界

それでも「家族には残された重要な機能がある」と説いたのは，パーソンズである。その重要な機能とは，「子どもの社会化と大人のパーソナリティの安定化」である。子どもをその社会の一人前の人間にしていくための機能と大人の情緒的な安定を担う機能である。さらにパーソンズはそのような機能を家族が果たすために家族メンバーそれぞれに役割があると考え，それを表出的役割と手段的役割とした。その主な担い手を表出的役割は母親，手段的役割を父親とした（Parsons 1956）。パーソンズの主張は近代家族のアメリカの中流白人家庭の機能の説明としては，問題はなかったのかもしれないが，当時からアメリカには，多様な人々が生活し，経済階層もさまざまだった。さらにアメリカ以外の地域の家族の機能としては，必ずしも的確な説明になっていないとの批判も出た。さらにフェミニストたちからは，女性差別的であるとの批判が噴出した。しかしながら，この説は，高度経済成長期の日本においては，多くの家族の機能を説明するのに適合的であった。高度経済成長期の日本においては，「男は仕事，女は家庭」という性別役割分業イデオロギーによって，都市部の中流の女性たちの多くは，家庭内役割として表出的な役割を担っていた。

その当時の日本の都市部の女性たちは，衣・食・住を担い，「子どもの社会化と大人のパーソナリティの安定化」のために務めていた。衣については，糸を紡ぎ機（はた）を織るまではしなくとも，簡単な着物や洋服は家庭内で仕立て，家族の衣服を管理し，洗濯し，家庭で洗濯できないものはクリーニング屋さんに持って行った。食材は調達してくるものの調理は家庭内でしていた。食に関しては，朝・夕の食事の準備だけでなく，お弁当まで作っていた場合も多かった。住も家を建てるまでのことはできなくとも，家人がくつろげるよう掃除をし，インテリアを工夫したりして住環境を整えていた。子どもの社会化機能は，とても重要な機能と認識され，母親たちは家庭内で子どもの面倒を見，しつけた。専門的な指導が必要なものについては，自分自身で指導しなくても，それらの教授者のもとに決められた時間に連れて行き，そのための子どものスケジュール管理などを担っていた。大人のパーソナリティの安定化のために，家人の衣・食・住を整え，情緒的な役割を果たし，表出的な役割を担っていた。夫はそれらの原資となるお金を得るために，一所懸命職場で働いた。

しかしながら，必ずしもすべての家庭がうまく機能したわけではない。家人がくつろげる空間を用意する側からすれば家人が在宅しているときは，家庭内労働の時間であり，家庭内役割を担う側からすれば，くつろげる時間ではない。

家庭内の役割を担う側にとっては，家庭はとても情緒的な安定の場とはなりえない。ともにすれば，愛という名のもとにただ働きを強いられ，ドメスティック・バイオレンスの恐怖におびえる場となってしまう。育児役割のみでなく，高齢化に伴い高齢者の介護役割も，家庭内役割を担う人にとっては重荷になってくる。職場で一所懸命働き，家庭生活を安定させるための原資を稼いでくる側にとっても，その働きを十分に担える場合はよいのだが，社会の変化によって，必ずしもすべての男性がそれらの役割を担えるわけではないということになってきた。

そこで，パーソンズ流の家族機能は変化してきた。社会も変化し，女性たちにも働く場が増え，必ずしも家庭内役割だけを担う必要がなくなってきたとき，女性たちも社会進出し始めた。そこで家庭内で担っていた機能はますます外部化されていくことになる。安価な洋服も販売されるようになり，衣は外部化されていく。しかしその一方で，繊維の品質向上や洗濯機の機能の変化などにより，かつてはクリーニング屋さんに出していたものも家庭内で洗うようになったりと，一部の機能は家庭内に戻りつつある。食については，レトルト製品の開発等により，手間暇かけて家庭内で賄うことは少なくなったものの，COVID-19の感染防止の観点から，外食が減り，また在宅勤務などの結果，おうち時間がふえたことにより，手作り志向も再燃している。住についても趣味でログハウスを自分で建てたり，それを YouTube にあげたり，さらにそれらを見て自分で家を建てる人も出てきている。高齢者介護も介護保険の導入により社会化が進んでいたが，COVID-19の感染拡大を恐れてデイサービスが中止され，家庭内介護を強いられた人々もいる。

このように，家族の機能が画一的ではなくなり，人それぞれということになってきている。情緒的な機能を担える家族もあれば，むしろ逆に家族がその個人の情緒的な安定にとっての問題の原因である場合もあり，必ずしも家庭が安住の地ではない人もいる。会社や仕事終わりにお酒を一杯飲む場が居場所だと考えていた人々にとっては，何とか家庭を居場所にしたいだろうが，家人がいない家庭が安住の場であった人にとっては，狭い家に何人もの家人がいて，それらの人々の食を三食準備しなければならないとなったら，たまらない。学生たちのなかにも，学校が居場所であったものの，COVID-19の感染拡大防止のためにキャンパスへの入校を禁止され，困っている人がいる。他に出かけることもままならず，家に居続けなければならないものの，その家庭が必ずしも安住の場でなければ，非常に厳しい生活を送らざるを得なくなる。

家族が担ってきた機能は，時代や社会の変化とともに変化してきた。社会は今後も変化していくことだろう。それらの変化を見据えて，自分の生活をどのように設計するか，そのどの部分を家族に求めるのか，そのどの部分を家庭内において自分が担うのかということを考えていくことが，ライフスタイルを考えるということにつながるだろう。

4　多様な暮らし

多様な世帯構造

夫婦とその未婚の子どもからなる核家族が標準世帯とされていた時代は変化し，2019年現在では，夫婦と未婚の子どものみの世帯は28.4％にすぎない（厚生労働省厚生統計要覧令和元年度 第一篇 人口・世帯 第三章 世帯）。年次による増減を見ると，夫婦と未婚の子どものみの世帯は減少傾向にあり，単独世帯が2019年は28.8％と増加傾向にある（図表１－１参照）。核家族世帯においても，「夫は外で働き，妻は家庭を守る」というような専業主婦世帯は減少し，夫も妻も家庭外で就労している共働き世帯が多い。総務省の「労働力調査特別調査」「労働力調査（詳細集計）」によると，2020年の共働き世帯（夫婦ともに非農林業雇用者の世帯）1240万世帯に対して，専業主婦世帯（夫が非農林業雇用者で妻が非就業者（非労働力人口及び完全失業者）は571万世帯である（序章図序－１参照）。

さらに必ずしも子どもがいるわけではなく，成人の稼ぎ手二人の世帯もあれば，シングルマザーやシングルファザーのように，成人の稼ぎ手一人と子どもたちという世帯も増えている。必ずしも法律婚をしない異性カップルもいれば，同性カップルで暮らしている人々もいる。同性カップルで里子の世話をしている人々もいる。シェアハウスに集う若者たちもいる。ネットカフェに寝泊まり

図表１－１　世帯数・構成割合，世帯構造×年次別

年次	総数	単独世帯	核家族世帯	夫婦のみの世帯	夫婦と未婚子のみの世帯	ひとり親と未婚の子のみの世帯	三世代世帯	その他の世帯
	推計数（単位：千世帯）							
平成25(2013)	50,112	13,285	30,163	11,644	14,899	3,621	3,329	3,334
26(2014)	50,431	13,662	29,870	11,748	14,546	3,576	3,464	3,435
27(2015)	50,361	13,517	30,316	11,872	14,820	3,624	3,264	3,265
28(2016)	49,945	13,434	30,234	11,850	14,744	3,640	2,947	3,330
29(2017)	50,425	13,613	30,632	12,096	14,891	3,645	2,910	3,270
30(2018)	50,991	14,125	30,804	12,270	14,851	3,683	2,720	3,342
	構成割合（単位：%）							
平成25(2013)	100.0	26.5	60.2	23.2	29.7	7.2	6.6	6.7
26(2014)	100.0	27.1	59.2	23.3	28.8	7.1	6.9	6.8
27(2015)	100.0	26.8	60.2	23.6	29.4	7.2	6.5	6.5
28(2016)	100.0	26.9	60.5	23.7	29.5	7.3	5.9	6.7
29(2017)	100.0	27.0	60.7	24.0	29.5	7.2	5.8	6.5
30(2018)	100.0	27.7	60.4	24.1	29.1	7.2	5.3	6.6
令和元(2019)	100.0	28.8	59.8	24.4	28.4	7.0	5.1	6.3

資料：政策統括官（統計・情報政策担当）「国民生活基礎調査」
注：平成28年の数値は，熊本県を除いたものである。
出典：厚労省厚生統計要覧令和２年度　第１編　人口・世帯　第三章　世帯　第１―46表

している若者もいれば，ホームレスの人々もいる。リモートワークの普及などに伴い，勤務場所に近い都市部に住むのではなく，人里離れた山奥をあえて選んで生活する人や，ひとところに定住せず，住まいを転々とする人も出てきた。このように，現代社会には多様な暮らし方が存在する。

暮らしの選択の幅の拡大

家族内で担われていた機能をアウトソーシングする人がいる一方で，手作り志向やおうち時間の増加によって，家庭内に再度持ち帰られている機能もある。前述した衣服の洗濯や，手づくりのお菓子等である。COVID-19の感染拡大防止措置による自宅での時間の増加による一時的なものであるかもしれないが，手作りお菓子の材料の需要の増加による小麦粉類の売り切れ現象などもおきた。家族の構成メンバーのみでなく，家族の機能についても，人それぞれという状

況にある。それはまた，それぞれの選択の可能性の幅が増えたことであり，大変喜ばしいことであるのかもしれないが，その一つひとつを選択しなければ前に進めないということでもある。そのために最適なもの，方法を求めて情報を収集し，理解し，選択しなければならない。さらにその選択にはお金を伴うことが通常であるので，費用対効果や，自分自身の懐具合とも相談しなければならない。常に自分がベストであると思う物や事を選べるわけでもない。そんな時代だからこそ，目の前の事のみにとらわれるのではなく，自分の暮らしや人生を振り返り，未来を見据え，未来のための自分への投資や経済的なたくわえなどの必要性を検討し，生活をプランニングしていく必要がある。

さまざまな暮らし方が可能になったり，実現している背景には，急速な社会の変化がある。人々の暮らしは，社会とともにあり，社会に影響され，社会に影響を与えているわけであるから，社会の変化を見極め，予測することが必要になる。しかしながら，社会の変化を正確に予測することはできないとするならば，大まかなライフプランを立てたうえで，細かな軌道修正を常にしていく必要があるだろう。

かつてのように結婚して生殖家族を構えることが生活の基盤であった時代ではなくなり，現代社会には結婚する自由も結婚しない自由も，子どもをもつ自由ももたない自由もある。しかし，女性にとって実子をもつことには年齢的な制約もある。何でも自由にというわけでもない。子どもに恵まれない場合に，不妊治療を受けるかどうか，受けるならばどのような不妊治療を受けるのか，どのくらいまで費用をかけるのかも選択しなければならない。離婚するもしないももちろん個人の選択であるが，そのことに伴う，経済的な諸問題や家族機能の遂行に関するマイナス面も考慮する必要がある。そういったことを考えるいわゆる人生設計が，今とても求められている。

家族がかつて担っていた機能を，これから先も家族が担い続けるのか。多くの機能を他に譲り渡したとしても，情緒的な安定の場としての家族は存在し続けるのか。いや，児童虐待やドメスティック・バイオレンスの問題を考えれば，家族は安住の場とは限らないのかもしれない。家族と呼んでいたものがこれから先も所与のものとして存在するがどうかすらわからない。人間は一人では生きられない動物であるので，何らかのかかわりを他者や社会ともっていくということは続いていくだろう。しかし，そのかかわりの中心に家族がいる必要があるかどうかはわからないし，たとえ，何らかの親和的なかかわりを必要とするとしても，それが家族であるかどうかはわからない。あるいは，今までの家族とは別の親和的なかかわりをもつものが新たな家族ということになるのかもしれない。

家族が多様になり，多様な暮らしが出現しているいまだからこそ，家族について考え，自分の未来を検討する必要があるだろう。

学習課題

1．法的関係・血縁関係・生活の共同・家計の共同・心理的近さという言葉をすべて使用して，あなたの「家族」の定義を書いてみよう。書き終わったら，周りの友達やあなたが家族だと思う人の定義と比較検討してみよう。

2．今あなたが家族だと思う人を挙げ，その人々との関係を，

　　愛着→　　反発×　　無関心―

という記入方法で図示してみよう。相手からの見た関係についても想像して書いてみよう。

スタディガイド

① 内閣府 男女共同参画局　2020年版「男女共同参画白書」

⇨「そっか。いい人生は，いい時間の使い方なんだ。」のサブタイトルの下，「家事・育児・介護」と「仕事」のバランス～個人は，家庭は，社会はどう向き合っていくか」という特集を組み，ワーク・ライフ・バランスや家族キャリアについて検討するための現状のデータを多数紹介している。

② 山田昌弘（1996）『結婚の社会学――未婚化・晩婚化はつづくのか』丸善。

⇨社会の変化に伴い，結婚のもつ意味が変化してきていることを紹介し，その一方で人々が相手に求めるものはそれほど変化しておらず，そのミスマッチが未婚化につながっていることを説いている。今後の家族キャリアを考えるうえで参考になる一冊である。

注

1）1789年のフランスの人権宣言において参政権が認められたのは，成人男性だけであった。それに対して女性たちの参政権をはじめとする人権を求めた思想が，フェミニズムすなわち，女性の権利を擁護する思想・女性の権利を拡大する思想である。1893年英領ニュージーランドにおいてはじめて女性の選挙権が認められた。1946年日本においても女性の参政権が認められた。このように参政権等の女性の権利は拡大してきたものの，日常生活の場における男女の不平等は是正されておらず，それらを問題視して1960年代後半から展開された女性解放運動が第二波フェミニズムである。

2）序章注２）参照。

引用・参考文献

落合恵美子（2004）『21世紀家族へ　第３版』有斐閣。

新村出編（2018）『広辞苑　第７版』岩波書店。

目黒依子（1987）『個人化する家族』勁草書房。

森岡清美・望月崇（1997）『新しい家族社会学［４訂版］』培風館。

山田昌弘（1994）『近代家族のゆくえ』新曜社。

山田昌弘（2004）「家族の個人化」『社会学評論』54(4)：pp. 341-354。

山田昌弘（2005）『迷走する家族』有斐閣。

Murdock, G. P. (1949) *Social Structure*, Macmillan.（マードック，内藤莞爾監訳（2001）『社会構造［新版］』新泉社。）

Parsons, T., Bales, R. F. (1956) *Family : Socialization and Interaction Process*, Routledge and Kagen Paul.（パーソンズ／ベールズ，橋爪貞雄・溝口謙三・高木正太郎・武藤孝典・山村賢明訳（2001）『家族――核家族と子どもの社会化』黎明書房。）

厚労省厚生統計要覧令和２年度 第１編　人口・世帯　第三章　世帯　第１―46表 https://www.mhlw.go.jp/toukei/youran/indexyk_1_3.html（2021年12月18日最終閲覧）

独立行政法人労働政策研究・研修機構「早わかりグラフでみる長期労働統計」https://www.jil.go.jp/kokunai/statistics/timeseries/html/g0212.html（2021年６月30日最終閲覧）

（吉田あけみ）

第2章
多様な性

あなたは周囲の人と，性やからだについてオープンに話せるだろうか。これまで性については，こうすべきという規範を中心に語られたり，正面から語ることをタブーとされたりしてきたので，性に関する知識は欠落しがちだった。性的行動や欲望の多様性・変化について，私たちはあまりにも知らなさすぎるといえないだろうか。しかし性は人が生きることと深くかかわるので，知識をもつことは大切なことだ。性は個人的なものでありながら社会的なものでもあり，性の健康や幸福を追求することは，私たちみなにとって当然の権利である。すべての人の性・人生・身体が尊重され，幸せな人生を送ることができるよう学んでみよう。

1 自分のからだについて知り自己決定する力

からだの自己決定権と性の健康

からだの自己決定権（body autonomy）ということばを聞いたことがあるだろうか。誰かに強制されたり，脅されたりせず，自分のからだと将来に関して，主体的に選択をする権利のことである。誰とセックスをするのか，しないのか。セックスするとすればいつ，どこでか。子どもを産むか，産まないか。産むなら，いつごろで，誰との子を産むのか。私たちは幸せに生きるために，自分の生き方を好きなように選ぶことができる権利をもっている。

これまでも学校で基本的人権について学んできたことだろう。改めて確認するなら，基本的人権とは，人間である以上，かならずもっている基本的な自由と権利であり，これは他人に譲り渡すことができない。性についてはプライベートなことなので，自分の権利であると認識しづらいかもしれないが，大切

図表２－１　性の権利宣言

1　平等と差別されない権利
2　生命，自由，および身体の安全を守る権利
3　自律性と身体保全に関する権利
4　拷問，及び残酷な，非人道的な又は品位を傷つける取り扱い又は刑罰から自由でいる権利
5　あらゆる暴力や強制・強要から自由でいる権利
6　プライバシーの権利
7　楽しめて満足できかつ安全な性的経験をする可能性のある，性の健康を含む，望みうる最高の性の健康を享受する権利
8　科学の進歩と応用の恩恵を享受する権利
9　情報への権利
10　教育を受ける権利，包括的な性教育を受ける権利
11　平等かつ十分かつ自由な同意に基づいた婚姻関係又は他の類する形態を始め，築き，解消する権利
12　子どもを持つか持たないか，子どもの人数や出産間隔を決定し，それを実現するための情報と手段を有する権利
13　思想，意見，表現の自由に関する権利
14　結社と平和的な集会の自由に関する権利
15　公的・政治的生活に参画する権利
16　正義，善後策および救済を求める権利

出典：World Association for Sexual Health.

な基本的人権の一つであるということをまず押さえておきたい。先ほど述べたような性行為や生殖行動のみならず，自分の性についてどう認識し，どう表現するのか，性的な指向をどうとらえるのか等についても，誰かに押し付けられることなく，多様性が認められるべきで，自己決定が尊重されなければならないのである。

国際的には，性の権利宣言[1)]として，性の権利の尊重，性教育の保障が明記されている（図表２－１）。性の健康とは，性（セクシュアリティ）に関する「身体的，情緒的，精神的，社会的に良好な状態（ウェルビーイング）にあること」であり，単に病気や障害がないということではない。つまり，からだの状態にかかわらず，良好な状態を目指すもので，人種・民族・肌の色・性別・年齢・社会状況等にかかわらず，すべての人が性的に肯定され，尊重され，強要・差別・暴力を被ることなく，楽しく，安全な性的経験をする（あるいはしないという選択の）可能性をもつことが求められているのである。

からだの自己決定権や性の権利は，すべての人に与えられる権利ではあるものの，残念ながら女性の方がより侵害されやすい。一例として，国連人口基金（UNFP）が発表した『世界人口白書2021』によると，開発途上国75か国の15〜49歳の女性のうち，ヘルスケア，避妊，性交渉に対して完全な自己決定権をもっている女性は，全体の55％であり，女性たちが差別を強いられている。からだの自己決定権が否定されれば，性による不平等や暴力を招きやすい。逆に自分のからだについての自己決定権をもつことができる人は，性の健康を維持できるのみならず，家庭，学校，職場において，より良く生活できる可能性が高まる。性教育は性の権利の重要な一部であり，性と健康に関する科学的知識や，幸せになるための人間関係の構築や行動選択ができる価値観やスキルの獲得は，欠かすことができないものなのである。

SOGIE を知ろう

自分と他者の性を尊重するためには，性についての科学的な知識を得る必要がある。人間の多様で繊細な性のあり方を理解するため，SOGIE（ソジー）という概念を学んでみよう。SOGIE とは，Sexual Orientation（性的指向），Gender Identity（性自認），Gender Expression（性表現）の頭文字をとったことばである。性的指向とは，恋愛・性愛がどういう対象に向かうのか／向かわないのかを示す概念である。性自認とは，自分の性をどのように認識しているのかを示す概念である。そして，性表現とは見た目，仕草，服装などの性をどう表現するかを示す概念である。あなた自分自身の性的指向，性自認，性表現がどのようなものだろうか。丁寧に考えてみれば，自分と周りの人が少しずつ異なっていることがわかる。

一般的には，生物としての違いであるセックス（sex）[2] と，性自認および性表現が一致しており，性的指向は異性に向かうこと（たとえば，女の子として生まれ，自分を女性として認識し，女性らしいふるまいをし，男性を好きになる等）が前提に社会の制度設計がなされていることが多い。しかし，人間の性のありようはそれだけには限らない。生まれたときに割り当てられた性別（sex）は性自認と一致しない人（トランスジェンダー）もいるし，性的指向が同性に向かう人（同性愛者）や，両性に向かう人（バイセクシュアル）もいる。

恋愛や性的欲求には関心がない人（アセクシュアル）もいる。

最近ではLGBT[3] ということばも一般的になってきて，みなさんも聞いたことがあるかもしれない。しかし性的指向や性自認は誰にでもあるもので，LGBTと呼ばれる性的マイノリティ（少数派）だけのものではもちろんない。性的指向が異性に向かう異性愛者は，多数派だと考えられているが，実はその中身の部分について子細に検討してみれば，かなりのバリエーションがあるはずだ。自分自身の性的な欲望を知り，肯定し，そして自分とは異なるSOGIEについて，創造力をもって受け止めることで，はじめて他者の尊重を可能にする。また，性の自由は誰にでもあると同時に，他者の権利を侵害する自由はないということも忘れないでおきたい。

2　性に関する包括的な知識

包括的性教育をめざして

性教育が性の健康を獲得するために大切なものであることは，すでに前節で述べてきた。しかし，日本の学校で受けられる性教育は非常に限定されたものである。現状の学習指導要領では，妊娠のしくみは学ぶが，性交については学ばない，ということになっていて，国際的な標準からすればとうてい十分と言うことはできない。

ユネスコ（UNESCO）が作成した「国際セクシュアリティ教育ガイダンス」では，国際的な標準指針として，「包括的性教育」を定めている。その教育内容は，セクシュアリティ，人権，健康的で互いに敬意を払う対人関係，価値観の尊重，暴力（性暴力を含む）の回避などにも及んでいる。また，性的多様性を認めることを重視し，LGBT等の性的マイノリティに対する無理解や差別をなくすことも含まれている。さらには，ジェンダー平等に基づいていることも不可欠とされている。

ジェンダーは多義的な概念であるが，ここでは社会的・文化的性のありようとし，ジェンダーの視点は，性別ごとに望ましいとされる社会的な役割や評価，そしてそこに生じる差別や格差の問題に対し，批判的に検討し，平等・公正な関係・社会を目指すとしておきたい。私たちが安全で楽しい性経験をするには，性について性に関する知識やスキルにとどまらず，ジェンダー平等意識など，人と社会に対する深い理解が必要なのである。

日本の課題

それでは性に関する日本の課題について考えてみよう。日本では年間約16万件の人工妊娠中絶があり，未成年では１日に換算すると約35件になる[4)]。高校生と大学生に「あなたはセックスするとき，避妊を実行していますか」とたずねると，高校生の場合，避妊を「いつもしている」と回答する割合が，男子72.7％に対し，女子58.5％という結果だった。また，避妊の実行を徹底していないのが，性交経験のある高校生男子や大学生において男子で約３割，女子で約４割だったという（日本性教育協会 2019：134）。避妊方法については，全体として一番多いのがコンドーム，二番目はコンドームと膣外射精（を併用したり，使い分けたりする）となっている（同：135-136）。

コンドームは安価で手軽な避妊方法であるが，現実には適切でない使用方法になる場合があることを考えると，避妊に失敗する確率は２割程度になると言われている。膣外射精のほうは避妊法とはいいがたい。最も避妊効果が高いのが経口避妊薬（低用量ピル）で，適切に服用すれば99％以上の確率で避妊が成功するといわれている。欧米では若年層の３～７割の女性が経口避妊薬を利用しているが，日本では数パーセント未満である[5)]。医療機関の処方が必要なことから，アクセスしにくい状況にあると言えるだろう。

避妊に関する正しい知識を得られれば，男子の場合は確実性の高い避妊（コンドームを使う）を徹底して行う傾向が見られるが，女子の場合は正しい知識を身につけていることが適切な避妊行動に結びついていないという（日本性教育協会 2019：140）。これはセックスをする相手に避妊を望む意志を伝えられなかったり，相手からの要求を拒否できなかったりすることで，避妊をせずにセックスに至る可能性があるということだ。自分のからだを守る正しい知識とともに，パートナーとの対等な関係性の構築を学ぶことが，いかに重要かわかるだろう。

日本は全体として性の健康に関する制度整備が遅れているといわれている。たとえば，性行為から72時間以内に服用すれば，80％以上の確率で妊娠を防げるとされる緊急避妊薬が，日本では産婦人科などを受診して，医師の診察を受けなければ入手できない（現在は一部薬局等でオンライン診療が可能）。海外では90か国以上では薬局で直接購入できる。性暴力の被害にあった直後などに，医師の診察を受けることに抵抗がある場合，緊急避妊薬は女性が自分のからだを守る手段となる。

日本の性教育の問題点としてすでに妊娠のしくみ等の学習にとどまる点を指摘したが，実際はこの点すら十分ではない。避妊はコンドームより効果的な方法が他にもあるが，そもそもアクセスが容易ではなく，日本社会全体として性の健康を保障するような制度は十分整備されていない。それゆえ私たちは，ジェンダー平等や健康的な人間関係の構築について，残念ながら待っていても何か与えられるという状況にない。意識的に，自発的に学んでいく必要がある。

3 性的同意

ジェンダー平等と性暴力

ジェンダーは，生物学的な性差／社会的に割り当てられた性であるセックスと区別され，社会的・文化的性差をさす。女性らしさ，男性らしさのように，女性はこうあるべき，男性はこうあるべきという，性に関する社会的な望ましさを含む概念である。どの社会にも，こうするべきという規範はあるが，それを押し付けて，それぞれの個性や違いを否定することは問題がある。また，ジェンダーによる性の優劣を生み出すメカニズムとして，家父長制がある。家父長制とは，家長である男性に権力が集中するしくみで，権力が男性に優位に配分され，性役割が固定的に配分される傾向にある。

このしくみは世界中に多かれ少なかれ存在するが，日本はジェンダー平等がなかなか進んでいない。各国における「経済」「政治」「教育」「健康」の４つの分野の男女格差を測るジェンダーギャップ指数（Gender Gap Index：GGI）では，日本は156か国中120位（前回は153か国中121位先進国のなかで最低レベル，アジア諸国のなかで韓国や中国，ASEAN 諸国より低い結果）となっている[6)]。特に，「経済」及び「政治」における順位が低く，国の意思決定層に女性が少ない。自分の行動は自分で決めていると思っていても，その選択は社会の影響を受けているのだ。

さて，このジェンダーによる思いこみや差別が暴力と結びつくと，性暴力として顕在化することになる。たとえば，ドメスティックバイオレンス（DV），デート DV，セクシュアルハラスメント，レイプ，痴漢などがある。また，身体的な暴力だけでなく，男らしさや女らしさの押しつけや，性的マイノリティに対するいじめも，立派な性暴力である。女ならこうあるべき，男ならこうあるべきという固定観念・イメージに結びついた暴力だからだ。性行為を伴わなくても，相手を性的に支配する行為は性暴力である。性暴力は私たちの身近にあり，心身や自尊心にダメージを与えてくる。被害を受ける人には隙があったと責めるような発言を聞くことがあるが，決して被害者に落ち度はない。問題は常に加害を行う側にあり，性暴力にあってもしかたがない人などこの世にはいない。自分の意識と行動にジェンダー平等と自由の尊重が徹底されなければ，いつでも自分が加害者にも被害者にもなりうることを覚えておこう。

健康的な関係／健康的でない関係

暴力から身を守るために，そして大切な人に暴力をふるわないように，私たちは望ましい関係性について知っておかなくてはいけない。親密な人との関係は，ジェンダー平等の意識に基づき，健康的に育てていくよう意識しよう。

米国産科婦人科学会の定義によると，健康的な関係は，次の５つの要素を含んでいるという[7)]。① 尊敬しあえる。② オープンな良いコミュニケーションが保てる。③ 誠実である。④ 自立している。⑤ 平等である。健康的な関係であれば，あなたは安全であると感じ，活力にあふれ，自分らしくいられる。また，パートナー以外の人たちとの時間や人間関係も楽しむことができる。

これに対して，健康的でない関係は，次の５つの要素を含んでいる。① あなたの代わりにすべてを決定したり，他の人から遠ざけたりするなど，支配的である。② 押したりつかんだりするなどの身体的暴力。③ 意地悪をしたり，嫌な気分にさせたりするようなからかい。④あなたがいないと生きていけないなどのドラマチックな発言。⑤セックスを含め，したくないことを強要する。健康的でない関係において，相手はあなたがどこにいるのかいつも知りたがったり，着る服や行動などを厳しくチェックしたりするかもしれない。SNSを使って，許可なくあなたの写真や動画を流したりするかもしれない。もし自分たちの関係が健康的でないと感じたら，スクールカウンセラーや両親など，あなたの幸せを願う信頼できる大人に相談してみることをおすすめする[8)]。

性的同意

良好な人間関係において，自分と相手の間にしかるべき境界線が必要なように，親密な関係の者どうしの間にも，互いに心地よい距離を保つことや，自分の境界線を自分自身が設定し，お互いの境界を尊重することが重要である。セックスやキス，からだに触れることなど，すべての性的な行為は，強制されるべきではないし，性交同意年齢を越えた者どうしの同意ができているか明確に確認してから行うべきである。一度セックスした関係だから，つきあっているから，結婚しているから，いつも応じなければいけないわけではない。相手の気を悪くさせたくないから応じるというのも，性的同意があることにはならない。また，お酒に酔っていたり，寝ていたり，薬物などの影響を受け，意識がない時は，正常な判断能力がないので，同意は不可能である。性的同意を確認する際のポイントは，明確な「Yes」以外はすべて「No」ということである。曖昧な「Yes」も，沈黙も，すべて「No」と考えよう[9)]。

健康的な関係におけるセックスは，大きな満足感や充足感を得られる可能性がある。お互いの欲求を満たす方法はさまざまであり，お互いに話し合って決めることができる。同時に，セックスをしなくても健康的な関係を築くことはできるし，セックスをしないと決めることも，あなたがたの自由な選択である。

4 長期の関係性と親になること

結婚や長期の関係性がもたらすやりがいや困難

好きな人と暮らし，生活を共にする方法には，どのようなバリエーションがあるだろうか。１つの方法としては，結婚をして夫婦となり，子どもを育てるということが考えられる。結婚というと，結婚式をして，婚姻届を役所に提出することを思い浮かべる人も多いかもしれないが，厳密な意味では法的な婚姻（法律婚）を指し，それは数ある結婚の形のほんの一例にすぎない。結婚は社会制度であり，法的な婚姻ではないものの事実上は婚姻関係と同様の生活を送る結婚（事実婚）もある。パートナーシップ制度と呼ばれる制度を利用しているカップルもおり，法律婚を選択しない異性愛者のカップルや，法律婚のできない同性愛者のカップルが利用することもある（日本では，法律婚は現在のところ異性同士のカップルにしか認められていない）。

婚姻やパートナーシップ制度は，社会制度であり，社会制度とは「社会を成り立たせ存続させるための仕組みである。このような制度は個人の意思からはある程度独立して存在しており，またその社会にいる限り個々人はその制度に拘束される」（赤枝 2018：91-92）。つまり，結婚すると利用できるサービスがあったり（逆に結婚しなければ利用できない），結婚するのが「当たり前」であるというような考え方を生んだりする。また，制度があることで，関係性を社会から「認められ」，「安定感（関係性を維持してくれる）」を生み出すということもあるだろう。

長期的な関係性は，私たちの生活を安定させるかもしれない。しかし，時代の変化とともに結婚の意味も変化するし，年齢とともにあなたの価値観も変化するかもしれない。そういう意味では，長期の関係性を保つのは困難もあり，運もあるだろう。たとえ家族といえども人間関係は丁寧に育てていかなければ，良好な関係性を維持するのは難しい。結婚や長期の関係性のやりがいと困難を，あなたはどのように考えるだろうか。

子どもをもつ，またはもたないことを決めるさまざまな理由

あなたは子どもをもちたいと思うだろうか。独身者に対する「子どもについての考え方」をたずねた調査では，子どもをもつ理由は「子どもがいると生活が楽しく豊かになるから」と回答する人が，男女・未婚者・夫婦ともに最も多かった[10)]。子どもがいることがカップルの生活に大きな変化をもたらすのは間違いないだろう。ただし，子どもをもつことにはさまざまな責任がともなう。身体的，感情的，経済的，健康的，教育的な面での子どもの主なニーズと，親の責任を知ることは大切である。また，親になるうえでの健康的な関係の重要さも知っておく必要がある。

「子どもをもつのがあたりまえ」と考えている人や，周囲の人からのプレッシャーを感じている人は，いったんその考えから距離をおいてみよう。人々が子どもをもつ，もたないことを決めるさまざまな理由を調べ，子どもをもつかもたないか，いつ子どもをもつのかという自分の意見に強く影響を及ぼしている要因を批判的に見極めることが，自分の人生の幸福（ウェルビーイング）を追求するうえで役立つはずだ[11)]。また，親になりたい人も，なりたくない人もいて，またすべての人が親になれるわけでも，親になりたいと思わないまま親になる人もいることを認識し，生活様式の多様性も理解しておこう。

人生をデザインする

ここまで読んできたあなたは，性が人生に与える影響の大きさを理解しつつあるだろう。人生において何をどのように選択するのか，考えをめぐらせていると思う。人生は選択の連続だが，個人の選択と思っていることが，実際は家族，友人，コミュニティのなかで作られた価値観に強く影響され，情報源になっている。性の理解については，文化，社会，宗教が影響していることも念頭におきながら，自分の価値観を内省的に検討し，親とは異なる価値観をもつかもしれないことを知っておいてほしいし，あるいはまた他者の価値観や信念を知る手がかりとしてもらいたい。

人生は選択だと述べたが，選択できるということは，実はとても恵まれていることを示している。大学で学ぶ機会があるということは，社会のなかで非常

に恵まれていることを自覚しながら，より良い社会を築いていく責任がある一員であることを忘れないでほしい。

何を優先するのか，自分が欲しいものは何か。自分の人生にとって何があれば幸せなのか，自分の欲求を知り行動していこう。自分を尊重し，他者を尊重し，試行錯誤しながら人生をデザインしていこう。そのためには，情報収集の能力，情報リテラシーは非常に重要だ。インターネットの検索を使いこなすこと，人に聞いたり教えてもらったりできること，役所が提供する公的な制度（は特に宣伝していないので自分から調べないと教えてもらえない）を調べることができることは，とても大切な能力である。

性や親密な関係が人生に大きな影響を与えるものであることは間違いないが，人生のすべてではない。親密な関係がずっと必要な人もいるし，必要のなくなる人もいる。最初から特に重要ではないと思う人もいる。高齢者はシングルのほうが幸福感は強いという調査結果もある（辻川 2013）。良いと思って決めたことも，年齢を重ねると考えが変わる可能性もある。それでも，そのつどその時のベストを尽くして考えていこう。いつでも周囲に助けを求められること，そして助けを求められる場所や人を複数あるようにすることができれば，あなたは自立した人生を送ることができ，性の健康を維持することにもつながっていくだろう。

学習課題

1．人々が子どもをもつ，またはもたないことを決める，さまざまな理由を探してみよう。
2．子どもをもつかもたないか，なぜ，いつ子どもをもつのかという自分の意見に影響を及ぼしている要因を批判的に検討してみよう。

スタディガイド

① すぎむらなおみ（2011）『エッチのまわりにあるもの――保健室の社会学』解放出版。
⇨高等学校の養護教諭として勤務した著者が，高校生から相談を受けた性に関するリアルな悩み（セクシュアルハラスメント，DV，援助交際，性感染症，ポルノ等）

にやさしく答えています。

② 風間孝・河口和也・守如子・赤枝香奈子（2018）『教養のためのセクシュアリティ・スタディーズ』法律文化社。

⇨セクシュアリティ研究の第一線で活躍する研究者たちによる，セクシュアリティの教科書。基本的な知識から，性的マイノリティの権利獲得の歴史や最新のクィア理論まで，信頼できる知識を得ることができます。

③ 沖田×華（2015）『透明なゆりかご～産婦人科医院看護師見習い日記～（1）』講談社。

⇨看護学科の高校生である×華（ばっか）は，産婦人科医院の見習い看護師として働きます。中絶の現場やその後処置を体験し，つらい思いもするのですが，出産の現場に立ち会うことで生まれる命の力強さに感動します。

注

1）1999年8月26日に香港で開催された第14回世界性科学学会総会において採択された，性に関する基本的かつ普遍的な権利として掲げられた宣言である。1978年に創設された世界性科学学会（World Association for Sexology：WAS）は，現在「世界性の健康学会（World Association for Sexual Health：WAS）と改称されている。「人間の性（セクシュアリティ）の分野に関する学会，非政府組織（NGO），専門家などによって構成された学際的かつ世界規模の集団である。WAS の「性の権利宣言」は，国際的諸機関による同類の宣言文やセクシュアリティの定義に影響を与えており，学会の歴史上，最も重要な功績として知られている」（東・中尾，2015：62）。

2）生物学的な性差をセックスというが，これは妊娠・出産ができるのか（内性器の違い），ペニスがついているのか（外性器の違い）によって人間を分節化する概念でもある。人によっては，典型的な男性と女性の身体にはっきりと分けられない場合もあるし，生まれながらに生殖機能が働かない場合もある。人間を性器とその機能で二分割しようとすると，どうしてもそこから排除される身体が生まれるので，より柔軟にグラデーションでとらえようとしたり，性差で人間を二分することを拒否したりする考え方もある。セックスを生物学的性差とせず，「生まれたときに割り当てられた性別」と表現するのは，こうした考えを反映している。

3）女性の同性愛者（Lesbian，レズビアン），男性の同性愛者（Gay，ゲイ），両性を愛することができひと（Bisexual，バイセクシュアル），先述したトランスジェンダー（Transgender）の頭文字を取り，性的マイノリティを表している。性的指向はこれだけに限らず多様であり，LGBT は多様な性的マイノリティを総称することばとして用いられている。

4) 「令和元年度衛生行政報告例の概況」https://www.mhlw.go.jp/toukei/saikin/hw/eisei_houkoku/19/（2021年10月23日閲覧）

5) United Nations, Contraceptive Use by Method 2019: Data Booklet https://www.un.org/development/desa/pd/sites/www.un.org.development.desa.pd/files/files/documents/2020/Jan/un_2019_contraceptiveusebymethod_databooklet.pdf（2021年10月23日閲覧）

6) 世界経済フォーラム（World Economic Forum：WEF）が2021年3月，「The Global Gender Gap Report 2021を公表。https://www.gender.go.jp/public/kyodosankaku/2021/202105/202105_05.html（2021年10月23日閲覧）

7) The American College of Obstetricians and Gynecologists https://www.acog.org/womens-health/faqs/healthy-relationships（2021年10月23日閲覧）

8) 身近な人に相談しにくい場合は，公的な相談窓口もある。産婦人科医やカウンセリング，法律相談などの機関とも連携している。男女共同参画局「性犯罪・性暴力被害者のためのワンストップ支援センター一覧」https://www.gender.go.jp/policy/no_violence/seibouryoku/consult.html（2021年10月23日閲覧）

9) YouTube などの動画サイトには，「性的同意」をキーワードに，いくつか啓発的な動画が掲載されている。たとえば，紅茶を飲みたいかどうかに喩え，わかりやすく解説している。Consent – it's simple as tea（日本語版）https://www.youtube.com/watch?v=-cxMZM3bWy0（2021年10月23日閲覧）

10) 国立社会保障・人口問題研究所「第Ⅲ部　独身者・夫婦調査共通項目の結果概要：1．子どもについての考え方」http://www.ipss.go.jp/ps-doukou/j/doukou15/gaiyou15html/NFS15G_html10.html（2021年10月23日閲覧）

11) 「性と生殖に関する健康と権利」は，1994年にカイロで開かれた国際人口開発会議において，提唱された概念であり，英語の Sexual and Reproductive Health and Rights，頭文字をとって，「SRHR」と呼ばれている。すべての人の「性」と「生き方」にかかわる重要なことで，この長い言葉は，以下の4つの言葉の組み合わせで作られている（JOICFP のサイトより）。

セクシュアル・ヘルス：自分の「性」に関することについて，心身ともに満たされて幸せを感じられ，またその状態を社会的にも認められていること。

リプロダクティブ・ヘルス：妊娠したい人，妊娠したくない人，産む・産まないに興味も関心もない人，アセクシャルな人（無性愛，非性愛の人）問わず，心身ともに満たされ健康にいられること。

セクシュアル・ライツ：セクシュアリティ「性」を，自分で決められる権利のこと。自分の愛する人，自分のプライバシー，自分の性的な快楽，自分の性のあり方（男か女かそのどちらでもないか）を自分で決められる権利。

リプロダクティブ・ライツ：産むか産まないか，いつ・何人子どもをもつかを自分で決める権利。妊娠，出産，中絶について十分な情報を得られ，「生殖」に関するすべてのことを自分で決められる権利。

引用・参考文献

赤枝香奈子（2018）「パートナーシップと生の多様性」風間孝・河口和也・守如子・赤枝香奈子編著『教養のためのセクシュアリティ・スタディーズ』法律文化社，87-116。

池上千鶴子（2011）『思い込みの性，リスキーなセックス』岩波書店。

上野千鶴子（2011）『おひとりさまの老後』文藝春秋。

ナディーヌ・カッタン，太田佐絵子訳（2018）『地図とデータで見る性の世界ハンドブック』原書房。

沢部ひとみ（2010）『老楽暮らし入門――終の住みかとコミュニティづくり』明石書店。

辻川覚志（2013）『老後はひとり暮らしが幸せ――自由に気ままに，最後まで。』水曜社。

中村亜美（2008）『クイア・セクソロジー――性の思いこみを解きほぐす』インパクト出版会。

日本性教育協会（2019）『「若者の性」白書――第８回青少年の性行動全国調査報告』小学館。

東優子・中尾美樹（2015）「世界性の健康学会『性の権利宣言』」『社会問題研究』64，59-62。

フクマミチ・村瀬幸浩（2020）『おうち性教育はじめます――一番やさしい！防犯・SEX・命の伝え方』KADOKAWA。

ユネスコ編（2020）『改訂版 国際セクシュアリティ教育ガイダンス――科学的根拠に基づいたアプローチ』明石書店。

JOICFP「セクシュアル・リプロダクティブ・ヘルス／ライツ（SRHR：性と生殖に関する健康と権利）とは」
https://www.joicfp.or.jp/jpn/know/advocacy/rh/（2021年10月23日閲覧）
World Association for Sexual Health「性の権利宣言（日本語訳）」https://worldsexualhealth.net/wp-content/uploads/2014/10/DSR-Japanese.pdf（2021年10月23日閲覧）

（水野茉莉）

第3章
学びの多様化

あなたはいま何を学んでいますか，こう問われたら，どのように答えるか。大学で受講している授業を答えたり，学部名を言ってみたり，学生生活全般をイメージして答えたり，さまざまな答えが返ってくるだろう。それでは，これまで学んできたことはどのようなことか，そして，大学卒業後はその学びをどう活かすか，また新たな学びをどう進めるか。学びの内容や方法もさまざまで，さらに学ぶことの意味もライフステージによって変化していく。

「人生100年時代」「超スマート社会（Society5. 0）」といわれるように，社会の大きな転換点を迎える現在，生涯にわたる学びの重要性が指摘されている。社会変化の激しい時代を柔軟に自分らしく生きていくための知恵や術を身につけるため，どのような「学び」が必要か，「学び」をどう理解するか，考えを深めよう。

1 学びとは

学びをどう理解するか

学び（まなび）という言葉の意味は，「まねてする。ならって行う。教えを受けて身に付ける。習得する。学問をする。勉強する。経験を通して身に付ける。わかる。」，また，学ぶ（まねぶ）の意味は，「真似てならう，見聞きした物事をそのまま語り告げる，教えを受けて習う。修得する。」（『広辞苑　第7版』）とある。その語源は，「真似る」である。そして，似たような言葉に，学習がある。その言葉の意味は，「まなびならうこと。経験によって新しい知識・技能・態度・行動傾向・認知様式などを修得すること，およびそのための活動」とあり，「まねびならう」の「ならう」＝「習う」は「倣う（ならう）」と同じ語源である。こう考えてくると，学びは真似をすることから始まる。

たとえば，大学生であれば，レポートを作成するにあたって，ゼロから書けるものではないので，レポートの書き方というルールを習う，倣う，すなわち，真似ていく作業をとおして作成できるようになる。学びは，教えられた内容をただ受け取るだけでなく，その内容を自分に取り込み，次なる行動に活かす，習慣にするという行いへとつながっていく。

そして，学ぶという行為は，他者からの働きかけによってのみ始まるものではない。学びのスイッチは，授業のように他者から意図的に入れられることもあれば，何か不思議に思ったり，感動したりと興味が沸くということや，自然と身体が動いたり，動きを真似したりと，意識の外からそのスイッチが入っていることもある。つまり，日常を生きていくこと自体が学ぶことでもある。生きることは学ぶこととつながるものであると理解すれば，ひとは生涯を通じて学び続ける者である。

学びや学習という言葉に関連して，「教育」という言葉がある。教育とは，社会で生きていく力を身につける／身につけさせていく意図的な営みである。その営みを計画的，組織的に制度化したものが学校教育である。さらに，「学習」という言葉は，先に述べたように，新たな知識や技術，経験を得ることで行動に変化をもたらすことであり，学術用語としては学問分野によってその定義はさまざまである。本章では文脈に応じて学びと同じ意味で学習という表現を用いている。

教育・学習・学びには，それを導く立場，学ぶ立場という立場の違いも存在するであろう。しかし，学びの場は，その場にいるすべてのメンバーがともに学び合うことによって創られるものである。学ぶという行為は，その時にその場でという限定されたものではなく，その先の時間的・空間的に広がって意味をもち，ひとが生きていくことと大きく関連している。

社会変化と学校教育の変化

学びの場として一番に挙げられるのは学校であろう。日本における学校教育制度は，明治期の「学制」（1872）に始まり，およそ150年間が経つ。現代の学校教育制度は，戦後の「教育基本法」（1947）と同時に制定された「学校教育法」によってその内容が定められている。2006年には，科学技術の進歩や情報化，少子高齢化の進展など教育をめぐる環境が大きく変化するなか，新しい時代に向けて，あらためて教育の基本理念を明確化するということで教育基本法は改正された。その改正では，後述する生涯学習や生涯学習社会の実現に関する規定，特別支援教育，家庭教育，幼児期の教育に関する規定などが新設されている。

そして今日，人工知能（AI），ビッグデータ，IoT（Internet of Things）等の高度先端技術が社会生活に取り入れられつつあり，社会の在り方も加速度を増して変化している。Society5.0時代の到来，予測困難な時代を生きていくために，子ども，大人，教師，そして学校も新たな資質と能力が求められている。

2019年，文部科学省は「新時代の学びを支える先端技術活用推進方策（最終まとめ）」を公表し，新時代に求められる教育として，「① 膨大な情報から何が重要かを主体的に判断し，自ら問いを立ててその解決を目指し，他者と協働しながら新たな価値を創造できる資質・能力を育成」，そして①を前提として，「② これからの時代を生きていく上で基盤となる言語能力や情報活用能力，AI活用の前提となる数学的思考をはじめとした資質・能力の育成」につながる教育が必要不可欠であると示している。

ICT（情報通信技術：Information and Communication Technology）を基盤とした先端技術・教育ビッグデータの効果的に活用することにより，多様な子どもたちを「誰一人取り残すことのない，公正に個別最適化された学び」の実現がうたわれている。たとえば，遠隔技術を活用した海外との連携授業や病院に入院している子どもと教室をつないだ学び，データに基づいた教育コンテンツの検索など学びにおける時間・距離の制約を取り払うことや，個々の子どもの学習記録データに基づいた効果的な問題や関心のある分野の学習など個々の子どもに応じた学びの支援，意見や回答を即時に共有する協働学習など学びの知見の共有や生成が挙げられている。図表３－１は，そこでイメージされる教育現場の様子である。

図表３－１　ICT 環境を基盤とした先端技術・教育ビッグデータが活用される教育現場

出典：文部科学省「新時代の学びを支える先端技術活用推進方策（最終まとめ）」2019年。

そして，2021年には，中央教育審議会が「『令和の日本型学校教育』の構築を目指して」という答申を出した。この答申における「日本型教育」とは，学校が学習指導だけでなく，生徒指導等にも主な役割を担い，子どもたちの状況を総合的に把握しつつ教師が指導を行うことで，知・徳・体を一体で育む教育のことである。

答申においては，日本型教育は一定水準の教育を保障するという側面と全人教育という側面において諸外国から高く評価され成果を上げてきたとしつつも，社会構造の変化や社会の多様化が進むなか，画一的・同調主義的な学校文化によるいじめなどの問題や家庭や地域の教育力の低下により，学校や教師が担う業務の範囲が拡大し，負担が増大していることが指摘されている。また，学校教育が直面している課題として，特別な教育支援が必要な児童生徒，日本語指導を必要とする児童生徒，不登校の児童生徒の増加，子どもの貧困など，多様化している子どもたちの状況や情報化の加速度的な進展に関する対応の遅れ等が言及されている。

これらの課題を乗り越えるために，従来の学校教育を発展させ，新たな学校教育の実現に向けた取り組みが進んでいる。答申では，新たな時代を生きる子どもたちが育むべき資質・能力とは，「一人一人の児童生徒が，自分のよさや可能性を認識するとともに，あらゆる他者を価値のある存在として尊重し，多様な人々と協働しながら様々な社会的変化を乗り越え，豊かな人生を切り拓き，持続可能な社会の創り手となることができること」とされる。

それらの力を育むために，一人一人の特性や学習の到達・習得状況に応じて指導方法や教材・学習時間を柔軟に提供する「指導の個別化」と一人一人の関心応じた学習活動や学習課題に取り組む「学習の個性化」，すなわち「個別最適な学び」の充実が図られ，同時に「個別最適な学び」と子どもどうしや多様な他者との「協働的な学び」とが循環するような学びの構築が推進されている。

その取り組みの一つに，「GIGA スクール構想」がある。「GIGA」とは，Global and Innovation Gateway for All の略で，「すべての人にグローバルで革新的な扉」という意味である。その構想とは，文部科学省によれば，１人１台端末と学校内の高速通信環境を整備することで，特別な支援を必要とする子どもも含め，多様な子どもたちを誰一人取り残すことなく，公正に個別最適化され，資質・能力が一層確実に育成できる教育 ICT 環境を全国的規模で実現し，教師・児童生徒の力を最大限に引き出すことである。ICT の教育利用とは，パソコンやタブレット端末，電子黒板，電子教材を活用した授業実践や情報管理などである。

１人１台端末の環境を整備することによって，一人一人の反応をふまえた双方向型の一斉授業や ICT を活用した探究学習による「学びの深化」や教室で意見を発表する子どもが限られることなく，各自の考えを即時に共有したり，多様な意見に触れたりするなどの「学びの転換」によって，主体的で対話的な学びの充実化が図られている。このように，新たな時代に対応できる人材を育むための学びは，学ぶ内容，方法も多様化している。

2 生涯を通じた学び

生涯学習という考え方

前節で述べたように，時代や社会の変化に応じて，生涯を通じた学びもまた変化している。生きていくために学び続けること，「生涯学習（lifelong learning）」という考え方を理解していこう。生涯学習とは，人間は生まれてから死に至るまで，生涯を通じて教育の機会が提供されるべきという考え方で，1965年のユネスコの成人教育国際委員会でポール・ラングランが提唱したものである。ラングランは，これまでの教育や学びの機会は，児童期から青年期の学齢期における学校教育に限られており，時代の変化に応じた生涯を通じた継続的な学習と，その絶え間ない学習によって個々人が自己実現することを社会が保障する必要があると考えた。

生涯学習という概念と同じ時期に，「学習社会」という言葉も認知され始めた。「学習社会（learning society）」とは，1968年にロバート・M・ハッチンスが著書『学習社会』で記した考え方である。ハッチンスは，未来社会について「精一杯働く社会」から「働かない社会」としての「余暇社会」の到来を想定し，市民が余暇（＝自由な時間）に学び，自分の可能性を広げ，自己実現をはかることを主張した。ハッチンスのいう学習社会とは，すべての成人に成人教育を提供するだけでなく，学ぶこと，何かを成し遂げること，人間的になることを目的とし，あらゆる制度がその目的の実現を意向するよう価値転換に成功した社会である。つまり，既存の学校制度や教育の在り方を越えて，生涯を通じて自由に学ぶことができる社会の実現ということである。

生涯学習や学習社会といった考え方は，欧米においては1970年代構想の段階から具体化へと進み，1985年国際成人教育会議において，生涯学習の方向性を展望した「学習権宣言」が採択された。学習権とは，「読み書きの権利であり，問い続け，深く考える権利であり，想像し，創造する権利であり，自分自身の世界を読みとり，歴史をつづる権利であり，あらゆる教育の手だてを得る権利であり，個人的・集団的力量を発達させる権利」である。

1980年代半ばには，エットーレ・ジェルピが第三世界の視点を重視する生涯学習論を展開した。ジェルピは，貧困や飢え，抑圧と搾取に苦しむ第三世界の人々，移民労働者，少数民族，女性などの立場にたち，抑圧された人々の解放の可能性を追求する手段として生涯学習の必要性を説いた。生涯学習という考え方は，学習権宣言の採択，ジェルピの生涯学習論を通して，基本的な人権の一つして理解されるに至った。さらに，1996年ユネスコの「二十一世紀教育国際委員会」では，今後求められる教育政策の軸として「生涯学習」の4つの柱が示され，その重要性が報告されている。その柱とは，① 知ることを学ぶ，② 為すことを学ぶ，③ 共に生きることを学ぶ，④ 人間として生きることを学ぶ，である。

このように生涯学習は，生きることを学ぶ，そして学ぶ側の視点に重点を置き，生涯のライフステージに応じて継続的に行うものであるということ，社会が学校教育以後の継続的な学びの機会を提供できるシステムを用意するという点が強調された考え方である。それは，これまでの学校を中心とした大人から子どもに対する働きかけといった教育や学びのとらえ方に大きなパラダイム転換をもたらした。

日本では1980年代半ば以降，生涯学習振興のための施策が多く出された。1986年の臨時教育審議会答申において，教育改革の重要な柱の一つとして，「生涯学習体系への移行」が強調され，学校を中心とした教育体系から脱却し，新しい柔軟な教育ネットワークの形成という基本方向が打ち出された。そのネットワークとは，「家庭教育，学校教育，社会教育，職業能力開発，新聞・出版・放送・情報サービス・研究開発のためのシンクタンク・カルチャーセンター・塾等の情報・教育・文化産業等による教育活動」を「人間の各ライフステージと関連させた総合的なネットワーク」のことである。

この40年間，家庭，学校，地域，社会での生涯にわたる学びを社会のシステムとして総合的に整備し，充実・体系化する取り組みが進められている。それは，ひとの一生を学びととらえる「生涯の学習化」と同時に，学びは生涯にわたって行うものとする「学習の生涯化」のための基盤づくりともいえよう。

リカレント教育

近年，生涯学習と同様に，リカレント教育の必要性が高まっている。リカレント教育という考え方は，1969年に欧州教育大臣会議において，スウェーデンのオロフ・パルメ教育大臣が言及したことで注目された。その後，1973年にOECD（経済協力開発機構）が『リカレント教育――生涯学習のための戦略』報告書を出したことで教育政策論として広く普及した。

リカレント（recurrent）とは，「循環する」「回帰する」という意味である。リカレント教育とは，学校卒業後，個人の関心や職業上の必要性に応じて，改めて教育を受けることができるようにする教育と職業生活を循環することを可能にする教育体制のことである。生涯学習は，人間は生涯にわたり，学校・職場・地域・家庭などあらゆる場において学びを継続するという学びの連続性と教育という営みの意味を拡大するという考え方である。一方，リカレント教育は，主として職業生活と調和しながら，教育機関などで体系的な教育を受け，キャリアアップやキャリアチェンジにつなげる教育機会の提供がねらいとしてある。

リカレント教育の重要な観点は，学びと教育に関する人生モデルの転換である。従来の人生モデルは，早い段階に学校での「教育期」が集中かつ終了し，その後は働き（労働期），定年を迎えて退職（引退期）という３つのステージで考えられていた。新たな人生モデルは，学校卒業後に働いている合間または一時的に職場から離れ，キャリアを追求するための教育機会を保障するというように，教育期を分散させ，再び登場させたり，多様な働き方や生き方を選択したりとマルチステージの人生モデルの発想である（図表3-2）。

今日，「人生100年時代」の到来やテクノロジーの進化など仕事上のスキルや個人のライフスタイルなどの変化が急速に進んでいる。その変化に対応できる人材育成や社会人の「学び直し」がより一層求められる状況にあって，2017年，「何歳になっても学び直しができるリカレント教育」を主要テーマの一つとして「人生100年時代構想会議」が設置された。

その会議がまとめた「人づくり革命基本構想」（2018）には，リカレント教育の抜本的拡充について言及されている。そして現在，リカレント教育の関連

図表3-2　マルチステージの人生

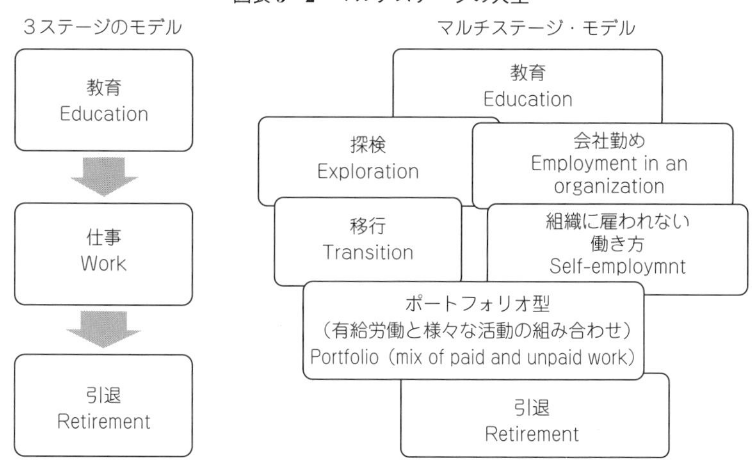

出典：「人生100年時代構想会議」（2017年9月11日）リンダ・グラッドン議員提出資料をもとに作成。

施策が次々と打ち出されている。たとえば，職業上の実践的な能力・スキルの習得のために，大学・専修学校等の教育機関を活用したリカレント教育プログラムの充実や，長期の教育訓練休暇制度を導入した企業への助成など，個人のキャリアアップ・キャリアチェンジ，企業の競争力向上に資するリカレントプログラムの開発や展開を促進する取り組みが進んでいる。

リカレント教育の重要性の高まりは，学びは教育期で終わるのではなく，社会人や職業人であっても，教わり育つこと，新たに学ぶことを意図的かつ自発的に選択することが求められていることのあらわれといえる。

3　社会人にとっての学び

職業生活・仕事のための学び

学校を卒業後したら学びは終わり，というわけではなく，社会人・職業人へと移行しても，学びは続いていくものであり，学ぶことに終わりはない。社会人の学びは，仕事に関するものに限らず，ボランティアや地域活動に関する学び，家事・育児・介護などの家庭生活に関する学び，趣味や教養などの学びも

図表3-3　学校卒業後の学び

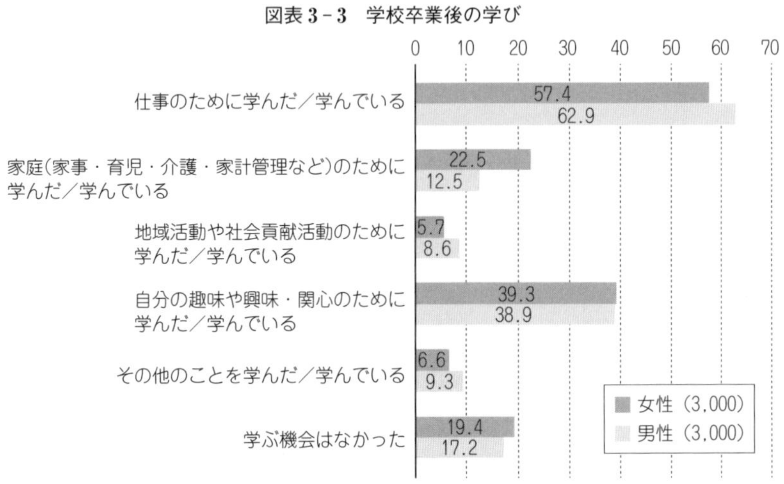

出典：「多様な選択を可能にする学び日関する調査」（平成30年度内閣府委託調査・株式会社創建）より作成。

あるだろう。ここでは，働くというライフステージの学びについてみていこう。

社会人の学びに関する内閣府委託調査「多様な選択を可能にする学びに関する調査」では，社会人が学ぶ理由として，男女ともに「仕事のために」学ぶという回答割合が最も高く，次に「自分の趣味や興味・関心」という割合が高い。男女別では，女性の方が「家庭のため」の学びの割合が高くなっている（図表3-3）。そして，仕事のために必要な知識・技能は，男女ともに約8割が仕事をするなかで身につけたという結果が出ており（図表3-4），入社や入職時の研修，職種や職務にかかわる研修やOJT（On-the-Job Training）など，職場内で学ぶ機会が多いことが示されている。

企業等での人材育成という観点からすれば，企業内での学びはこれまでは正社員（正規雇用）を中心とするものが多く，雇用形態によってその機会が制限されているという側面が見えてくる。第4章で見ていくように，現在，非正規で働く割合は男性に比べて女性の方がより高い。たとえば，第1子を出産後，2人に1人が離職している現状があり，子どもが小さいうちは仕事継続が困難で子育てが一段落して再就職する場合，その多くは非正規雇用である。また，就業を継続していても出産・育児等で休職する場合など，多くの女性において，

図表３－４　仕事のために必要な知識や技能をどこで身につけたか

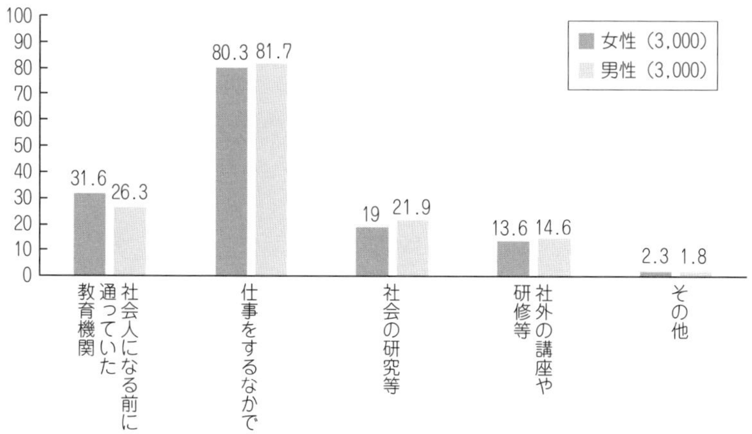

出典：「多様な選択を可能にする学び日関する調査」（平成30年度内閣府委託調査・株式会社創建）より作成。

企業や職場内における学びの機会は制限されている状況にある。

同調査の「仕事のための学びに必要な支援」に関する回答では，男性は「仕事にかかる負担が少なくなること」（41.4％）の割合が最も高く，女性は「経済的な支援があること」（38.0％）が最も高い結果となっている。また，「家事・育児・介護などにかかる負担が少なくなること」の回答割合は，女性26.6％，男性10.9％と男女に偏りが見られた（図表３－５）。とくに，未就学児のいる女性の回答割合（48.8％）は，同男性（16.2％）の約３倍高い結果であり，家事や育児の負担が女性の学び直しの機会の壁になっていることがうかがえる。

このような状況において，出産・育児等で離職した女性が離職前の職務経験を活かして再就職すること，自分の経験や技術，能力を活かして働くことを可能にする学び直しの機会，リカレント教育のさらなる充実が求められている。社会人にとっての学びは，再就職に限らず，仕事を継続するなかでのスキルやキャリアアップを目指す学び，そして自分の生き方や働き方を模索するなかでの土台となる学びなど，多様な意味をもつ。働き方の在り方が急速に変化しつつある現在，社会人にとっての学びの意味はその重要性を増している。

図表3－5　仕事のための学びに必要なこと（職場での研修の機会等を除く）

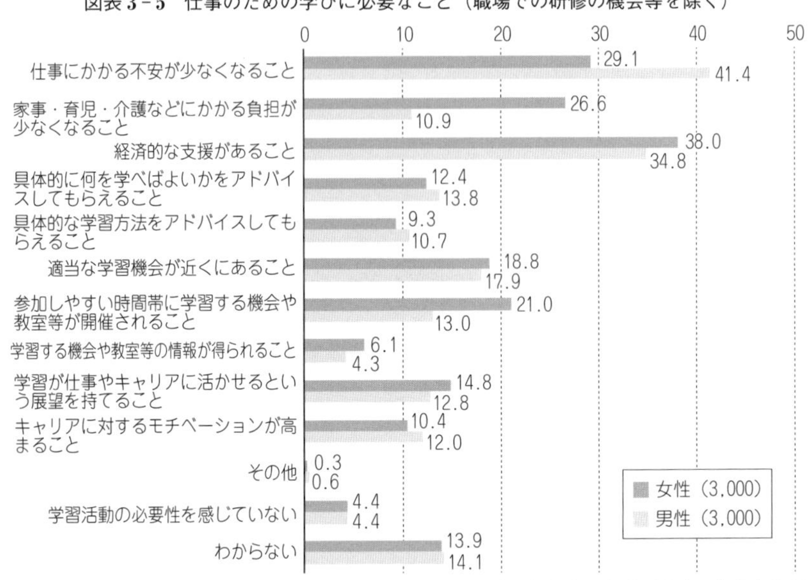

出典：「多様な選択を可能にする学び日関する調査」（平成30年度内閣府委託調査・株式会社創建）より作成。

仕事以外での学び

人生をマルチステージモデルでとらえていくと，仕事以外にも学ぶことや学ぶ機会が重要なものになってくる。たとえば，音楽，舞踊，書道，レクリエーション活動など趣味的な学びであったり，料理，住まいのDIYなど家庭生活に役立つものを学んだり，歴史や語学など教養を深めたり，ボランティア活動のための知識や社会問題などを学んだりすることもあるだろう。

学ぶという営みは，ライフステージやライフサイクルに応じて，そのニーズも変化していく。たとえば，子育て講座に参加したり，その後に家計管理や資産運用などの生活設計に関連した講座に参加したりするなどである。また，自分や家族，身近な人たちの心身の健康のために栄養の知識を身につけ，体力づくりについて学んだり（第8章・第10章），生活上で困ったときにどのような行政サービスが利用できるのか（第7章），自ら情報を得たりすることも学びである。自分だけで解決できないこと（第6章）があれば，誰かに相談してみる，人に助けを求める，人とつながっていくことも大切な学びである。そして，それらの成果を日々の暮らしや地域活動，あるいは仕事に活かしていくこともできる。

生涯学習社会とは，「人々が生涯のいつでも自由に学ぶ機会を選択し，学ぶことができ，その成果が適切に評価される社会」である。学ぶこととは，学齢期だけではなく，何歳になっても学び続け，学び直すことによって，自分はどう生きていきたいのかということをデザインしていくものである。

多様なライフスタイルと学びの連関

生涯学習という概念は，人間のライフステージやライフサイクルに応じた学びについて着目させた。高度情報化，平均寿命の伸張による「余生」期の延長，少子高齢化など急激な社会変動は，ライフサイクルの変化やライフスタイルの多様化をもたらしている。さらに，働き方の多様化や人生モデルの転換期を迎え，個々人のライフステージで直面する課題も多様化している。

現在，性別にかかわりなく，個人の意思によって，充実した生き方を選択できる社会へと向かっている。たとえば女性の生き方に関して，仕事・結婚・出産・育児・介護などについて多様な選択が可能であり，その選択によって課題は異なるであろう。

だからこそ，それらの課題に向き合い，解決していくためには，教育期に身につけた知識・技能だけでは十分ではなく，社会人・職業人になっても，自ら学ぶ，学び直す，学び続けることは重要である。そして，学びを通して多様な選択が可能となる。人それぞれのライフスタイル，ライフステージの各段階で，学ぶ機会があること，そのための情報を仕入れること，そして，生涯にわたって学び続けることは，充実した生き方の探求であり，より豊かな人生につながると考える。

学習課題

1．これまで学びたかったけれど，学ぶ機会がなかったので，学び直ししたいことはありますか。

2．社会人になってからどのようなことを学びたいか，取りたい資格など，またそのとき，どんな支援が受けられるか考えてみよう。

スタディガイド

① 汐見稔幸（2022）『教えから学びへ　教育にとって一番大切なこと』河出新書。

⇨高度情報化・高度ネットワーク社会において，オンライン授業，GIGA スクール構想など学びのカタチも変化しつつあるなかで，主体的な学び，多様な学びを可能とする教育の在り方について考える本である。

② 香川正弘・佐々木英和・鈴木眞理編（2016）『よくわかる生涯学習　改訂版』ミネルヴァ書房。

⇨生涯学習という概念，ライフサイクルや生涯設計とのかかわり，現在さまざまな場で行われる生涯学習と学習方法，行政による振興施策など，生涯学習に関する基礎的内容を網羅的に理解できる入門書である。

引用・参考文献

佐藤一子（1998）『生涯学習と社会参加　おとなが学ぶことの意味』東京大学出版会。

関口礼子・西岡正子・鈴木志元・堀薫夫・神部純一・柳田雅明（2018）『新しい時代の生涯学習 第３版』有斐閣アルマ。

中央教育審議会「『令和の日本型学校教育』の構築を目指して ～全ての子供たちの可能性を引き出す，個別最適な学びと，協働的な学びの実現～（答申）」文部科学省，2021年１月26日（2021年６月30日閲覧）

「新時代の学びを支える先端技術活用推進方策（最終まとめ）」文部科学省2019-06-25
https://www.mext.go.jp/component/a_menu/other/detail/__icsFiles/afieldfile/2019/06/24/1418387_02.pdf（本文）
https://www.mext.go.jp/component/a_menu/other/detail/__icsFiles/afieldfile/2201/06/24/1418387_01.pdf（概要）（2021年６月30日閲覧）

人生100年時代構想会議第１回構想会議配布資料「リンダ・グラットン議員提出資料」（2017年９月11日）
https://www.kantei.go.jp/jp/singi/jinsei100nen/dai1/siryou4-1.pdf（2021年６月30日閲覧）

内閣府（2019）「多様な選択を可能にする学びに関する調査報告書」（平成30年度内閣

府委託調査株式会社創建）
https://www.gender.go.jp/research/kenkyu/pdf/select_research/02.pdf（2021年６月30日閲覧）

内閣府（2019）「特集　多様な選択を可能にする学びの充実」『令和元年版男女共同参画白書』pp. 3-91
https://www.gender.go.jp/about_danjo/whitepaper/r01/zentai/pdf/r01_tokusyu.pdf（2021年６月30日閲覧）

（藤原直子）

第4章

多様な働き方

あなたは，ライフイベントと折り合いをつけながら，どのような職業生涯を送りたいと考えているだろうか。本章では，日本で働く人々の現状について，政府の主要統計データを中心に，紹介していく。職種だけでなく，従業上の地位や雇用形態，労働時間の長さなどの組み合わせによって，多様な働き方が存在している。

男性だから，女性だからとジェンダー規範による働き方を強制されず，個に応じた多様な働き方が選べる社会だといえる。一方で，多様な働き方の選択は，働く側の意思だけで決まる訳ではなく，労働力の需要と供給の関係や，ライフイベントとの兼ね合い，強固なジェンダー規範などから，多様な働き方があったとしても，意に沿わない不本意就労などを選ばざるを得ない場合もあるだろう。

本章で紹介する日本で働く人々の現状について概観することで，将来，あなたがどのような職業キャリアを主体的に選び，形成したいのかについて検討するきっかけにしてほしい。

1 働く人々の就業状態

どれくらいの人が働いているのか

日本の労働の現状について，政府の主要労働統計[1)]から概観しよう。はじめに，どれくらいの人が働いているのか，である。総務省「平成29年就業構造基本調査」によれば，15歳以上人口で，男性5354万2900人のうち3707万4100人（69.2%）が，女性5743万3900人のうち2913万8900人（50.7%）が，ふだんの就業状態が有業（おおむね1年間に30日以上仕事をしている状態）であった。

図表４−１　就業状態・仕事の主従別年齢階級別有業率（男女別）

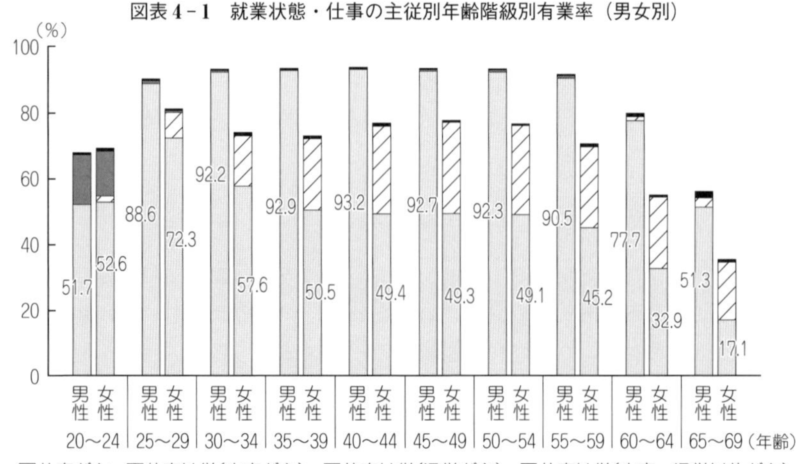

出典：総務省「平成29年就業構造基本調査」より作成。

この調査は世帯単位で実施しており，回答者は個人である。

これらの有業者のうち，就業状態を「仕事が主である者」「仕事は従である者」に分け，年齢階級別および男女別に割合を示したものが，図表４−１である。男女で比較すると，男性では，「25～29歳」以降，有業者に占める「仕事が主である者」の割合が高いことがわかる。一方，女性の年齢階級別の有業率は30歳代層でいったん低下し，その後上昇するいわゆるM字型を描いている。また，有業率が男性よりも低いだけでなく，「仕事は従（家事が主）である者」の割合が，「25～29歳」以降，一定程度いることがわかる。

どのような産業・職業に就いて働いているのか

つぎに，有業者がどのような産業・職業で働いているのかについてみていく。産業分類別の有業者割合（分類不能の産業含む）では，男性は第一次産業3.7%，第二次産業30.8%，第三次産業62.4%である。女性は，第一次産業2.8%，第二次産業13.8%，第三次産業80.0%である。男性有業者が多い産業上位3産業は，「製造業」19.8%，「卸売業・小売業」13.2%，「建設業」11.0%である。一方，女性は，「医療，福祉」21.1%，「卸売業・小売業」18.0%，

「製造業」11.0%の順である。

職業大分類別の有業者割合では，男性有業者が多い職業は，上位3職業が，商品製造・加工処理従事者，機械組立従事者などの「生産工程従事者」[2] 16.8%，続いて，研究者や情報処理・通信技術者，医師といった「専門的・技術的職業従事者」[3] で16.2%，「事務従事者」15.1%である。女性の上位3職業は，「事務従事者」27.7%，介護サービス職業従事者，保険医療サービス職業従事者などの「サービス職業従事者」[4] が18.6%，「専門的・技術的職業従事者」18.4%である（「平成29年就業構造基本調査」）。

どのような従業上の地位で働いているのか

従業上の地位別にみる有業者に占める割合では，男性は自営業主が11.3%，家族従業者が0.7%，雇用者（会社などの役員を含む）は87.8%である。女性は自営業主が4.9%，家族従業者が3.4%，雇用者（会社などの役員を含む）は91.5%である。自営業主の比率は男性が6.4ポイント高く，一方で，家族従業者（自営業主の家族で，その自営業主の営む事業を無給で手伝っている者）の割合は女性が男性より2.7ポイント高い。

男女とも，従業上の地位に占める割合の高い雇用者から，雇用形態別の内訳を確認する。雇用者のうち，男性では，会社などの役員が7.9%，正規の職員・従業員71.6%，パート20.5%，アルバイト3.6%，労働者派遣事業所の派遣社員（以下，派遣社員）1.7%，契約社員5.0%，嘱託2.2%，その他1.3%であった。女性では，会社などの役員が3.0%，正規の職員・従業員42.0%，パート34.4%，アルバイト8.3%，派遣社員3.3%，契約社員5.3%，嘱託1.7%，その他2.0%であった。会社などの役員を除いた雇用者に占める，「正規の職員・従業員」とパートやアルバイトといった「非正規の職員・従業員」の比は，男性が78：22，女性では43：57である（「平成29年就業構造基本調査」）。

正社員という呼称であっても，職種や地域などが限定されている雇用形態の正社員も存在している。2012年3月に公表された，厚生労働省「『多様な形態による正社員』に関する研究会報告書」によれば，「職種」「勤務地」「労働時間」のいずれかの要素（または複数）が限定されている正社員を導入している企業は，調査企業1987社のうち1031社と，調査対象の51.9％と５割を超えていた。そのうち，「職種」限定は85.2％，「勤務地」限定が37.1％，「労働時間」限定は14.2％と，多様な形態の正社員のうち，職種限定正社員を抱える企業の割合が高いことが分かる。

こうした限定正社員の場合，就業規則に職務，勤務地などの限定を規定しているが，一方で，個人の職務範囲について具体的な内容を，職務記述書で明確に定めているケースは少ないという。また，同調査では限定でない正社員と比べて，限定正社員の賃金水準が低く設定されていることも示されている。たとえば，職種限定の場合，正社員と同等である割合13.6％，正社員よりも高い4.0％と，全体の17.6％のみが，同等もしくはそれ以上の設定であり，不明を除く残りの70.4％（90～100％未満17.2％，80～90％未満24.5％，70～80％未満16.2％，70％未満12.5％）は，正社員と比べて，限定正社員の賃金水準が低く設定されていた。

働いている人の労働時間はどれくらいなのか

続いて，労働時間についてみていこう。総務省「平成29年就業構造基本調査」から，有業者の１週間の就業時間別の分布を図表４-２に示す。これは，年間の就業日数が200日以上の有業者に限定したデータである。労働基準法では，１週間の労働時間が原則40時間を超えてはならないとされているので，これを超える「43時間」以上層に注目する。この労働時間帯を超えて働いている割合は，雇用者のうち，会社などの役員で男性60.9％，女性37.1％，正規の職員・従業員で男性68.2％，女性48.5％である。

一方で，非正規雇用[5)]であっても，男性ではパートの20.9％，アルバイトの30.9％，派遣社員の49.3％，契約社員の46.7％，嘱託の34.0％が，女性ではパートの9.6％，アルバイトの15.7％，派遣社員の22.2％，契約社員の28.7％，嘱託の20.0％が，ふだんの1週間の実労働時間が43時間以上である。非正規で働くことが長時間労働にはならない，とは言い切れない実態がある。

労働基準法の適用外であるが，自営業主では「43時間」以上の労働時間である者の割合は，男性で67.2％，女性で41.1％，家族従業者では男性が67.0％，

図表4－2　従業上の地位・雇用形態別有業者週間就業時間別割合（男女別）

単位：人，％

就業日数200日以上 週間就業時間		有業者総数	自営業主（雇人有無，内職者）	家族従業者	雇用者							
					会社などの役員	正規の職員・従業員	パート	アルバイト	労働者派遣事業所の派遣社員	契約社員	嘱託	その他
男性	総　数	31,105,000	2,957,400	166,900	2,259,600	21,819,800	693,000	736,100	388,100	1,305,700	528,500	237,500
	有業者に占める割合	100.0	9.5	0.5	7.3	70.1	2.2	2.4	1.2	4.2	1.7	0.8
	総数	100.0	100.0	100.0	100.0	100.0	100.0	100.0	100.0	100.0	100.0	100.0
	20時間未満	3.5	4.0	5.4	2.9	3.0	8.1	11.9	4.7	3.0	1.8	6.0
	20～35時間未満	4.7	9.8	10.4	5.2	1.8	34.8	27.1	4.6	7.9	11.2	16.6
	35～43時間未満	27.5	18.0	16.4	30.4	26.6	35.5	29.4	40.9	41.9	52.7	29.0
	43～49時間未満	28.9	23.8	24.1	27.7	31.1	11.5	18.1	29.6	25.0	21.4	21.4
	49～60時間未満	20.6	20.4	20.6	17.7	22.7	6.5	8.0	15.2	13.7	8.4	15.1
	60時間以上	14.3	22.9	22.3	15.5	14.4	2.9	4.7	4.5	8.0	4.2	10.4
女性	総　数	19,841,500	775,200	594,700	576,100	10,252,300	4,671,300	597,400	599,100	1,142,000	335,900	289,100
	有業者に占める割合	100.0	3.9	3.0	2.9	51.7	23.5	3.0	3.0	5.8	1.7	1.5
	総数	100.0	100.0	100.0	100.0	100.0	100.0	100.0	100.0	100.0	100.0	100.0
	20時間未満	6.5	9.5	7.2	6.6	3.6	12.4	16.3	4.6	3.5	3.6	8.0
	20～35時間未満	19.7	26.7	22.4	19.0	5.2	50.2	37.7	11.1	12.0	25.3	22.0
	35～43時間未満	38.1	21.6	19.1	36.2	42.3	27.3	29.8	61.7	55.6	50.9	33.6
	43～49時間未満	20.4	16.9	18.1	20.9	28.6	6.3	8.9	15.0	18.5	13.7	16.4
	49～60時間未満	9.7	12.5	15.8	8.6	13.6	2.3	4.4	5.3	7.6	4.8	10.2
	60時間以上	5.1	11.7	16.4	7.6	6.3	1.0	2.3	1.9	2.7	1.5	8.6

出典：総務省「平成29年就業構造基本調査」より作成。

女性50.2％である。労働時間の裁量があるとはいえ，雇用者と同様に長時間労働の傾向であることがわかる。

2 雇用労働の実態

どれくらいの所得を得ているのか

続いて，有業者のうち，数の多い雇用者に限定し，雇用労働の実態について所得や社会保険などをみていこう。まず，雇用労働者が労働の対価として手にする賃金について，厚生労働省「令和元年賃金構造基本統計調査」から実態をみていこう。この調査は事業所による回答である。

産業計・学歴計・企業規模計（10人以上）のデータを用いて，雇用形態が正規か否か，また労働時間がフルタイムか短時間か，また雇用期間の定めが有るか無いかといった組み合わせから，労働実態がイメージしやすい，「正社員・正職員」のうち雇用期間の定め無しの一般労働者（フルタイム）[6]，「正社員・正職員以外」のうち雇用期間の定め有りの一般労働者（フルタイム）[7]，「正社員・正職員以外」のうち雇用期間の定め有りの短時間労働者[8]，の3種類をピックアップする。これらを，男女別に一時間あたりの時給額を試算（試算方法は注を参照）[9]した。それらの結果は，図表4－3に示す。

男性正社員・正職員の一般労働者（期間の定め無し）では，年齢があがるとともに時給が上昇し，最も時給が高くなったのは，「50～54歳」「55～59歳」の，3501円であった。同じ雇用形態区分の女性をみると，こちらも男性と同様に年齢とともに時給が上がり，「50～54歳」で最も時給が高くなっているが，その金額は2482円である。男性「50～54歳」の時給を100とすると，女性「50～54歳」の時給は70.9と，7割程度でしかない。

非正規雇用で労働時間が異なる2区分（フルタイムか短時間か）では，男女とも，短時間労働者より，フルタイムで働く非正規の一般労働者の方が時給はやや高い傾向にあるが，同じくフルタイムで働いている正社員・正職員の時給と比べると，昇給がほとんどなく，年齢階級ごと[10]の差はわずかである。男性では時給は1000円～1500円前後であり，女性は時給1000円～1400円前後と，

図表４－３　雇用形態別時給試算（男女別）

単位：円

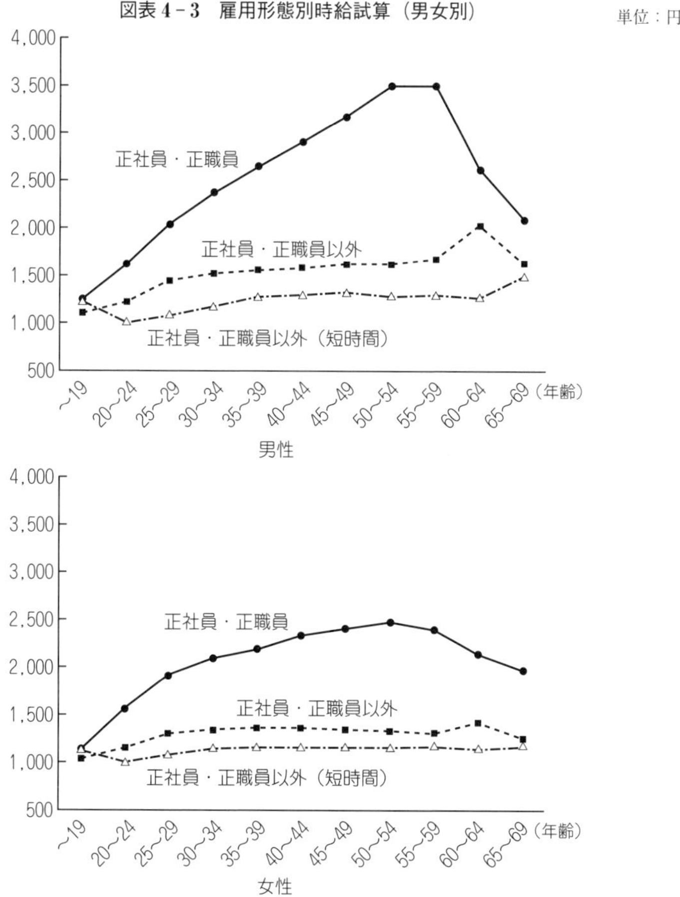

出典：厚生労働省「令和元年賃金構造基本統計調査」より作成。

性別以上に雇用形態の違いによる，時給の格差が大きい（図表４－３）。なお，これらのデータは，民間企業で働く雇用者のみが対象である。

どんな制度の適用を受けているのか

所得の他にも，雇用形態の違いから，社会保険や社内制度などの適用の範囲について違いがあるのかを確認していこう。厚生労働省「令和元年就業形態の多様化に関する総合実態調査」では，雇用者本人に，図表４－４に示す11種類

図表4－4　現在の会社における各種制度等の適用状況別労働者割合[11]（男女別）

複数回答　単位：％

			全労働者	現在の会社における各種制度等の適用状況										
				雇用保険	健康保険	厚生年金	企業年金	退職金制度	財形制度	賞与支給制度	福利厚生施設等の利用	自己啓発援助制度	いわゆる正社員への転換制度	多様な正社員への転換制度
男	正　社　員		100.0	92.8	97.2	97.0	31.1	80.6	46.3	88.5	58.1	39.8	17.2	11.8
	正社員以外	出向社員	100.0	89.4	92.5	91.4	44.9	77.0	55.2	85.1	74.7	55.0	17.7	10.6
		契約社員(専門職)	100.0	80.5	87.3	82.4	4.8	19.1	10.6	42.2	27.1	9.4	16.9	2.4
		嘱託社員(再雇用者)	100.0	84.3	92.1	88.0	13.6	19.6	16.4	60.0	46.6	18.5	4.4	2.1
		パートタイム労働者	100.0	54.3	55.9	40.2	7.3	11.8	10.8	25.8	18.7	5.8	8.8	2.5
		臨時労働者	100.0	48.8	43.9	41.5	1.0	17.5	2.3	26.2	10.1	2.2	3.2	1.1
		派遣労働者	100.0	85.8	88.3	85.0	12.1	26.6	13.2	38.0	35.1	22.6	11.8	6.1
		登録型	100.0	88.5	87.9	85.8	13.0	19.1	11.0	29.3	29.5	19.9	10.9	5.6
		常時雇用型	100.0	84.3	88.5	84.6	11.7	30.8	14.4	43.1	38.3	24.2	12.4	6.4
		その他	100.0	81.2	86.0	80.7	4.6	25.4	10.9	54.7	28.7	14.0	17.8	6.8
女	正　社　員		100.0	92.6	97.2	94.4	19.7	72.0	37.8	83.5	51.2	30.0	13.3	7.9
	正社員以外	出向社員	100.0	85.2	94.7	93.4	36.0	67.8	49.7	86.6	59.5	38.9	18.5	11.8
		契約社員(専門職)	100.0	89.1	92.2	90.6	9.1	21.0	7.3	47.7	27.6	13.8	18.7	4.1
		嘱託社員(再雇用者)	100.0	82.3	85.8	82.6	6.1	19.2	11.8	57.9	33.9	10.8	3.1	2.8
		パートタイム労働者	100.0	67.3	46.2	44.1	1.1	6.7	4.0	30.6	21.0	6.3	10.8	3.0
		臨時労働者	100.0	46.5	31.1	29.8	2.8	5.7	2.4	17.4	13.9	3.1	2.7	2.4
		派遣労働者	100.0	86.9	85.1	83.2	3.8	8.6	3.7	13.2	29.1	16.3	7.5	3.7
		登録型	100.0	85.4	83.7	81.8	2.5	4.5	1.9	7.6	28.4	14.7	6.3	2.0
		常時雇用型	100.0	89.1	87.2	85.4	5.7	15.0	6.4	21.7	30.2	18.6	9.2	6.2
		その他	100.0	84.8	81.0	78.4	5.7	13.7	7.7	43.5	26.9	11.4	17.5	4.6

出典：厚生労働省「令和元年就業形態の多様化に関する総合実態調査（個人調査）」より作成。

の制度について，現在の会社で自分に適用されているのか，いないのかを回答してもらっている。したがって，実際には適用されているが，労働者本人が知らないで適応されていないと回答しているケースや，またはその逆のケースの可能性もある。

結果をみると，正社員では，「雇用保険」「健康保険」「厚生年金」は9割を，「賞与支給制度」は8割を超えており，男女での差はわずかである。しかし，その他の「企業年金」「退職金制度」「福利厚生施設等の利用」など全項目において男性より女性の適用割合は低い。

雇用形態での違いでは，正社員と比べて正社員以外の雇用形態では，適用されている雇用者の割合が低く，雇用形態間の格差は明らかである。さらに問題なのは，社会保険である「雇用保険」「健康保険」「厚生年金」への適用が，パートタイム，臨時労働者において，他の非正規雇用と比べても格段に低く，失業などへのリスク対応が脆弱な点である。また，「退職金制度」の適用外である非正規雇者の割合は，男性よりも女性でより高く，図表４－３でみたように就労中の時給が低いだけでなく，何年働いたとしても退職金はなく，また厚生年金に加入していない場合には，老後に受け取る年金も基礎年金だけになるなど，雇用者として働いていた時の低い処遇が，その後の生活にも影響していくことが予想される。

参考までに，退職金についてもみてみよう。厚生労働省「平成30年就労条件総合調査」によれば，退職給付制度があり，勤続20年以上かつ45歳以上の退職者がいた企業についての調査結果では，2017年１年間における定年退職者に対して支給した（支給が確定した）給付額について，退職一時金制度では，大学・大学院卒（管理・事務・技術職）の平均額は1828万円，高校卒（管理・事務・技術職）では1163万円，高校卒（現業職）は717万円であった。

3 日本的雇用慣行と第４次産業革命

日本的雇用慣行

日本の雇用慣行といえば，1980年代まで大企業で働く男性正社員中心ではあるが，一般的だと言われていたのは，新規学卒者を毎年一定数採用し，定年までの長期勤続である「終身雇用」と，長期勤続を前提とした「年功賃金」であった。新規学卒者は，働くために必要な知識・技能を身に付けていなくても，入社後に担当する職種・職務内容に応じて，企業が用意する短期・中期・長期のそれぞれの技能形成を，OJT（On-the-Job Training）を通じて身に付けていったのである。こうした雇用は，「メンバーシップ型」雇用と呼ばれていた。

企業内の職業訓練等により高まったスキルは，企業内部において通用するものであり，こうした知的熟練者は企業にとって貴重な人材であった。したがって経営者側は，彼らの離職を防ぐために，同一企業内での就業継続が労働者にとって有利となるように，年功賃金制度を設定していったのである。

1990年代以降，日本の雇用環境は大変厳しいものへと変容した。1995年５月に日本経営者団体連盟（現・経団連）は，「新時代の『日本的経営』」を発表し，労働者を「長期蓄積能力活用型グループ」「高度専門能力活用型グループ」「雇用柔軟型グループ」の３タイプに分け，それらの組み合わせによる雇用管理を行うことを打ち出した。これまでの，メンバーシップ型雇用である，雇用期間の定めのない正社員を想定しているのは，「長期蓄積能力活用型グループ」のみで，他のグループは，それまでの日本的雇用慣行の一つであった終身雇用の枠外の有期雇用契約で，かつ，給与においても昇給制度や退職金がないなど，不安定で低い処遇での雇用者を想定したものであった。

その後，2018年11月に経団連が発表した，「Society5.0：Co-Creating The Future ともに創造する未来」においては，情報社会の次の段階である Society5.0への変革の時期を迎えており，Society5.0の実現にむけて，既存の社会の変革を目指す必要があるとされた。Society5.0時代の働き方については，日本型雇用慣行は必要に応じてモデルチェンジを行うとし，「採用＝就社」から「多様な人材の採用」へ，「企業主体のキャリア形成」から「社員自律のキャリア形成」へ，「終身雇用」から「多様な雇用形態・働き方」へ，「年功序列」から「多様な処遇制度」への変更を提案している。

第４次産業革命と雇用の未来

現在，20世紀後半以降の情報社会（Society4.0）から，第４次産業革命（デジタル革新，AI，IoT など）をきっかけに，新たな Society5.0へと向かっている途中である。こうした変化の下，雇用の未来に関しては，2013年にＣ・Ｂ・フレイとＭ・オズボーンによる，「10～20年内にアメリカの労働力人口の47％が機械に代替されるリスクがある」という推計が発表され，既存の仕事が技術革新による自動化により，どのような影響を受けるのか，もしくは喪失するのかといった研究が各国で行われるようになった。たとえば，日本においても，前掲のオズボーンらとの共同研究により，日本の労働人口の約49％が就いている職業において，機械に代替可能との試算結果を算出している（野村総合研究所 2015）。

一方，岩本・波多野（2017）によれば，自動化による雇用の影響について発表されたさまざまな研究成果について，以下のように集約している。たとえば，ヒトの担う仕事の質に変化に関する研究で，OECD（2016）からは，加盟国の職業を作業単位で分析すると，作業が70～100％程度自動化される職業は，割合が最も高い12％（ドイツ，オーストリア）から最も低い６％（韓国）であり，大部分の職業において自動化可能性な作業は50％であった。したがって，ある職業でこれまでヒトが行っていた作業のおよそ半分程度は自動化されるが，残りの半分はヒトがこなすタイプの職業であると分析されている。また，雇用が減少する見込みの分野（製造，物流，品質管理などの職種）だけでなく，自動化に伴う生産性の向上により，雇用者の数が増加するといった職種（IT やデータサイエンスなどの職種）もあることを指摘している。つまり，自動化によって雇用が極端に減ることはないが，働き方に影響を与えるという見方がそれらの先行研究でおおむね共通している内容であると紹介している。

4 雇用されない働き方

雇用されない働き方の現状

２節，３節では企業に雇用されて働く労働者に限定してみてきたが，本節では他者から雇用されない働き方のうち，自営業主についてみていこう。総務省「平成29年就業構造基本調査」によれば，男性の自営業主は418万8800人（うち29.4％が雇人のある業主，70.3％が雇人のない業主，0.4％は内職者），女性は142万8300人（うち，16.2％が雇人のある業主，75.4％が雇用人のない業主，8.4％は内職者）であった。

総務省「平成29年就業構造基本調査」の有業者に占める割合は，男性が11.3％，女性は4.9％であるが，副業で自営業に携わっている雇用者もいるため，こうした副業，複業，自営業主を含めた広義のフリーランサー[12)]は，ランサーズ（株）「フリーランス実態調査2017」によると，1122万人とも推計されている。

また，同調査によれば，2020年１月以降，COVID-19の影響で，副業としてフリーランスで働く就労者は増加している見通しで，2021年１月末の推計では，1670万人まで増加しているという。この推計通りであるならば，2021年１月の労働力人口が，総務省「労働力調査」によれば，6834万人であるため，日本の労働力人口の24.4％と，決して少なくない数の労働者が，広義のフリーランスという働き方に，なんらかかかわっていることがわかる。

フリーランスという働き方

2016年10月に，当時の世耕弘成経済産業大臣は，安倍内閣が目指す「働き方改革」の実現を受けて，「雇用関係によらない働き方」について，「『兼業・副業』や『フリーランサー』のような，『時間・場所・契約にとらわれない，柔軟な働き方』は，働き方改革の『鍵』になる」，と発言している。しかし，雇用されない働き方は，雇用関係があることを前提として設計されている，雇用保険や厚生年金などの社会保険制度など（図表４-４など）から外れた働き方である。したがって，自営のみで生計をたてている場合は，リスクへの備えを労働者自身で準備しておく必要がある。また，労働時間についても，その裁量は自営業主本人にあるが，超過労働などで健康を害さないような自己管理も必要となる。

自営業主の労働時間に関する調査では，厚生労働省「平成28年度過労死等に関する実態把握のための労働・社会面の調査研究事業報告書」[13]によれば，自営業主の73.4％が，労働日数・労働時間の把握をしていないと回答している。また過去１年において通常時の１週間当たりの実労働時間が60時間を超えていたのは全体の13.6％であり，業種別では「宿泊業，飲食サービス」で28.0％，「生活関連サービス業，娯楽業」22.6％，「教育，学習支援業」の21.4％が長時間労働であった。また，繁忙期においては，「複合サービス」の40.0％，「製造業」では34.2％，「教育，学習支援業」の33.3％が長時間労働であった。

長時間労働の要因については，「長時間労働は発生しない」が26.9％と，全体の３割弱の自営業主が長時間労働はないと回答している一方で，長時間労働である事業主たちは，「業種として，繁忙期と閑散期があるため」40.1%，「予定外の仕事が突発的に発生することが多いため」26.1%，「休日に仕事が発生することがあるため」22.0%，「納期に対する顧客・取引先の要求に応えるため」21.8%と回答している。

こうした長時間労働の現状は，前掲の図表4－2に示した自営業主の長時間労働時間の傾向と一致している。したがって，自営業主の時間にとらわれない柔軟な働き方が，長時間労働になる可能性が低いとは言い難い実態がある。

5 生涯を通じた職業キャリア

職業キャリアの見通し

ここまで，いろいろな働き方や雇用形態別の就業実態などを紹介してきた。大学・大学院などの教育機関を卒業後に就職してから，定年などを迎えるまで，65～70歳前後まで働くと想定すると，およそ50年という半世紀にわたり，職業とかかわる人生を送ることになる。

こうした職業とのかかわりは，職業生活だけが充実すればいい訳ではない。序章で紹介したように，あなた自身のライフキャリアのなかで，ライフとワークとのバランスをどうしていくのかを考えることも必要である。また，第1章で学んだように多様な家族があり，将来，あなたが形成する家族の状況によって，仕事とのかかわりと折り合いをつけて，あなた自身の職業キャリアを形成することになるだろう。こうした将来の出来事には，未確定な要素も多い。場合によっては，職業キャリアが希望通りにならず，予定や希望の変更などに柔軟に対応しなくてはならない場面にも出くわすだろう。筆者自身も，学生時代には考えもしなかったが，大学を卒業後，いったんは就職したものの数年後に離職し，その後に再度，大学院での学び直しを経験している（学校教育，リカレント教育などについては，第3章「学びの多様化」を参照）。また，個人のさまざまな事情以外にも，思いがけない社会情勢の変化によって，予定通りの職業キャリアを継続できないこともあるだろう。

このように職業キャリアをデザインするには，将来という不確定な要素とのかかわりが影響している。一方で，あなたが就職したい，スキルアップしたい，起業したい，UIJ ターンで就職したいと思った際に，自助努力だけでなく，公的な支援・サポートを受けることも可能である（公的な支援全般については，第7章「社会福祉学とライフスタイル」を参照）。

公的な就業支援・起業支援

公的な就業支援と聞くと，真っ先に職業訓練が思いだされるだろう。それ以外にも，多くの就業支援が存在している。たとえば，スキルアップを目指し，「雇用保険」の被保険者などが，支給の対象となる教育訓練を受けた場合，講座費用の一部が支給される，「教育訓練給付制度」がある。

あなたに受給資格があり，たとえば行政書士の勉強をするために，教育訓練給付制度の「一般教育訓練」対象の講座を受講した場合，手続きをすると，受講終了後に教育訓練給付金として，支払った費用の20％（上限10万円）が給付されるというものである。

一般教育訓練に加えて，中長期的なキャリア形成支援として，2014年10月から新たに「専門実践教育訓練」が創設されている。たとえば，経済産業大臣が認定している「第4次産業革命スキル習得講座」（IT やデジタルスキルを習得するための講座）で，厚生労働大臣の指定を受けた講座は，この専門実践教育訓練給付の対象となっている。受講終了後に手続きをすると，支払った費用の50％（年間上限40万円）が給付金として給付される。

また，求職者の就業支援には，若者の職業的自立を支援するために地方自治体との協働で，多様な就労支援メニューを提供する「地域若者サポートステーション事業」がある。この地域若者サポートステーション（通称サポステ）では，就労することに悩みを抱えている15～49歳までの未就業者を対象にしており，厚生労働省の委託を受けた全国の若者支援の実績がある NPO 法人，株式会社などが実施している。2020年度には，全国177ヶ所に設置されていた。また，2019年度の新規登録者に占める就職等（就職・職業訓練）者の割合は，67.0％であった。

起業については，親族に自営業主がいないなど，身近にロールモデルがいないケースにおいては，起業のノウハウがない，また事業展開において支援を受けられるような連携がないなど，創業にも，起業後の事業の継続にも困難が多く，二の足を踏む場合があるだろう。経済産業省や中小企庁などでは，こうした起業・創業への経営サポートや，起業家教育支援などを実施している。

たとえば，経済産業省の取り組みの一つである，「平成30年度女性起業家等支援ネットワーク構築事業」を紹介する。起業準備から，起業して間もない事業主へのサポートのための支援ネットワークを，まずは地域で創り出そうという活動である。2019年２月現在，全国に10の地域でネットワークが形成されており，これらのネットワークにおよそ550機関が参画している。一つの機関が単独で行う支援体制から，地域という横断的なつながりを構築し，ゆくゆくは全国規模の支援事業へと拡大させ，女性起業家支援策の向上や，起業の普及を目指している。

ライフキャリアと職業キャリア

生活の拠点を変更し，職業キャリアを検討する場合の公的支援もある。たとえば，内閣府では，2019年から６年間を目途に，地方創生交付金を支給している。2021年度の予算額は1000億円である。地方への UIJ ターンにより起業・就業者の創出などを，地方創生交付金により支援するものである。主体は地方公共団体であるため，具体的な移住検討先の地方公共団体の HP に，UIJ ターン就業・創業移住支援事業の案内が公開されている。

また，都市住民を受け入れる地方の取り組みの一つに，総務省の2009年からの支援事業で「地域おこし協力隊」がある。これは，１年から３年未満の期間限定であるが，地方自治体が都市住民を受け入れ，地域おこし協力隊員として委嘱し，一定期間以上，農林漁業の応援，水源保全・監視活動，住民の生活支援などの各種の地域協力活動に従事してもらいながら，当該地域への定住・定着を図る取り組みを支援するものである。2009年からの支援事業で，隊員の男女比は，男性がおよそ６割，女性がおよそ４割，20～30歳代層が全体のおよそ７割を占め，任期終了後およそ６割が同じ地域に定住しているという。

都市部から地方への移住傾向では，世界規模で蔓延したCOVID-19の影響により，東京都区部への人口集中から地方への分散傾向がみられるようになった（岡田 2020）。どの地に生活の基盤を置くのかは，人生設計の重要な要素の一つである。場合によっては，地縁のない地方に家族での移住を検討し，IJターンで就職を検討するような場合もあるだろう。

また，職種によっては，リモートワークの導入により，職場に出勤し同僚と対面で仕事をすることが当たり前ではない就業スタイルに対応するケースもあるだろう。これまで当たり前であった就業スタイルやライフスタイルの変化に，働き手は柔軟な対応が求められている。

一方で，こうした就業スタイルの変化に見合った社会システムの対応は鈍いままである。したがって，就業に関して自己責任を強調する社会から，働く意欲がある人がより就労に結び付く就労支援制度の充実，第４次産業革命に対応可能なスキルアップの支援，社会保険制度の在り方の見直しは必須である。

労働における現状と課題を見据えたうえで，人生100年時代に，あなたがどのようなライフキャリアをイメージし，また，どのように働き，社会・地域・組織・ヒトとかかわりながら，職業キャリアを形成したいのか，多様な選択肢を取捨選択し，自らの職業キャリアを主体的に構築してほしい。

学習課題

1．雇用保険の「教育訓練給付制度」について，その種類や支給要件，給付内容，対象講座について調べてみよう。
2．それぞれの年代の自分をイメージし，理想の職業キャリアと現実になりそうな職業キャリアとを書き出そう。それぞれの年代において，職種や職位，雇用形態以外にも，キャリアの中断や起業準備期間，再就職のためのスキルアップなどを具体的に考えよう。現実と理想にギャップがある場合は，どのような支援があれば理想に近づく可能性があるのかについても提案しよう。

	理想の職業キャリア	現実の職業キャリア	支援策など
30歳代			
40歳代			
50歳代			
60歳代			
70歳代			

スタディガイド

① 伊藤純・斎藤悦子編著（2021）『ジェンダーで学ぶ生活経済論　第３版』ミネルヴァ書房。

⇨社会・経済環境の変化によって生じる生活の変化について，「暮らし」にかかわるテーマをジェンダー視点でとらえている。主体的生活者として，貧困や消費生活，社会保障，格差問題など，実生活にかかわる諸課題に対応する知識と力を身につけることを目的とした書籍である。

② 大森義明・永瀬伸子（2021）『労働経済学をつかむ』有斐閣。

⇨私たちは限られた24時間を，賃金を得るための有償労働だけでなく，家事やケア活動といった家庭内の生産活動，地域での活動・自己研鑽にも有意義に使うことが望ましい。こうした活動を視野に入れつつ，日本の労働市場が抱える課題について考えることを促す，労働経済学の入門書である。

注

1）本章では雇用者の有業状態，雇用形態別の名称など，それぞれの引用している政府統計資料での定義・呼称で記載しているため，表記は一致していない。

2）生産設備制御・監視従事者，機械組立設備制御・監視従事者，商品製造・加工処理従事者，機械組立従事者，機械整備・修理従事者，製品検査従事者，一般機械検査従事者など。

3)　研究者，農林水産業技術者，製造技術者，建設・土木・測量技術者，情報処理・通信技術者，医師，歯科医師，獣医師，薬剤師，保健師，助産師，看護師，医療技術者，社会福祉専門職従事者，法務従事者，経営・金融・保険専門職従事者，教員など。

4)　家事生活支援サービス職業従事者，介護サービス職業従事者，保険医療サービス職業従事者，生活衛生サービス職従事者，飲食調理従事者，接客・給仕職業従事者，居住施設・ビル等管理人など。

5)　パートやアルバイト，嘱託などの区分は，就業の時間や日数に関係なく，勤め先での呼称で区分している。

6)　いわゆる正社員のフルタイムで働いている雇用者である。このなかには正社員であっても，育児や介護などを担うために会社の制度を利用して，短時間勤務をしている雇用者は含まれていない。

7)　非正規雇用ではあるけれども，フルタイムで働いている契約社員や，嘱託，派遣社員などである。ここには所定内労働時間が短時間の契約社員や嘱託などは含まれていない。また，雇用期間が無期転換している雇用者も含まれていない。

8)　非正規雇用でかつ短時間の労働者（1日の所定労働時間が一般の労働者よりも短い又は1日の所定労働時間が一般の労働者と同じでも1週の所定労働日数が一般の労働者よりも少ない）である。また，雇用期間が無期転換している雇用者も含まれていない。

9)　時給の試算方法は，一般労働者では，「決まって支給する現金給与額」および「年間賞与その他特別給与額」から年収を試算し，その後，「所定内実労働時間数」，「超過実労働時間数」から年の実労働時間を出し，一時間あたりの時給を算出した。なお，短時間労働者については，「決まって支給する現金給与額」の代替として，「1時間当たりの所定内給与額」を利用し，年間賞与を含む時給換算を算出している。

10)　正社員・正社員以外の一般労働者（期限の定め有り）では，60～64歳でのみ時給が上がっているが，元データをみると「年間賞与その他特別給与額」が，他の年齢層では10～20万円前後であるのに対して，63万円（男性），32万円（女性）と高い値となっており，他の年齢層と単純には比較することは難しい。

11)　「全労働者」には不詳の労働者を含む。官公庁の事業所も調査対象であり，官公庁の事業所の「正社員」の場合，「雇用保険」「企業年金」は適用されていないものとして集計している。

「出向社員」とは，他企業より出向契約に基づき出向してきている者（出向元に籍を置いているかどうかは問わない）のことをいう。

「いわゆる正社員」への転換制度では，職務，勤務地，勤務時間がいずれも限定されない正社員のことをいう。多様な正社員への転換制度では，「いわゆる正社員」より職務，勤務地，勤務時間がいずれも限定される正社員のことをいう。育児・介護時短勤務中の正社員は含まれない。「派遣労働者」については，派遣元での状況について回答している。

12)　フリーランサーに関する政府統計がないため，ここでの推計値は，経済産業省「『雇用関係によらない働き方』に関する研究会」での配布資料内で引用されているランサーズ株式会社による「フリーランス実態調査」（各年）のデータを引用している。

13)　みずほ情報総研株式会社が実施した，平成28年度厚生労働省委託事業である。

引用・参考文献

岩本晃一・波多野文（2017）「やさしい経済／AIの雇用への影響を考える（1），（2）」日本経済新聞　朝刊（2017年11月6日，7日付）。

経済産業省（2019）「平成30年度女性起業家等支援ネットワーク構築事業活動報告書《平成30年度女性活躍推進基盤整備委託事業・女性起業家等支援ネットワーク構築事業》」

経団連（2018）「Society5.0：Co-Creating The Future ともに創造する未来」

厚生労働省「平成30年就労条件総合調査」

厚生労働省「令和元年賃金構造基本統計調査」

厚生労働省「令和元年就業形態の多様化に関する総合実態調査（個人調査）」

総務省「平成29年就業構造基本調査」

総務省「労働調査2021年1月分」

日本経営者団体連盟（1995）「新時代の『日本的経営』」

岡田豊（2020）「みずほインサイト：コロナで人口の地方分散の兆し」みずほ総合研究所
https: //www. mizuhoir. co. jp/publication/mhri/research/pdf/insight/pl201204.pdf?ad=tp（2021年5月27日最終閲覧）

経済産業省（2016）「『雇用関係によらない働き方』について（現状と課題）」
https://www.meti.go.jp/committee/kenkyukai/sansei/employment/pdf/001_03_

00.pdf（2021年5月28日最終閲覧）
厚生労働省（2012）「『多様な形態による正社員』に関する研究会報告書」
https://www.mhlw.go.jp/stf/houdou/2r985200000260c2.html（2021年5月28日最終閲覧）
厚生労働省「平成28年度過労死等に関する実態把握のための労働・社会面の調査研究事業報告書」
https://www.mhlw.go.jp/stf/houdou/0000174205.html（2021年5月28日最終閲覧）
サポステ（公式 HP）https://saposute-net.mhlw.go.jp/（2021年5月27日最終閲覧）
総務省「地域おこし協力隊の概要」
https://www.soumu.go.jp/main_content/000745998.pdf（2021年5月27日最終閲覧）
内閣府「地方創生推進交付金（移住・起業・就業タイプ）の交付対象事業の決定（令和3年度第1回）について」
https://www.chisou.go.jp/sousei/about/pdf/r3-suishin1_iju.pdf（2021年5年28日最終閲覧）
野村総合研究所（2015）「日本の労働人口の49％が人工知能やロボット等で代替可能に――601種の職業ごとに，コンピューター技術による代替確率を試算――」
https://www.nri.com/-/media/Corporate/jp/Files/PDF/news/newsrelease/cc/2015/151202_1.pdf（2021年6月19日最終閲覧）
ランサーズ（2018）「フリーランス実態調査2017年版」
http://www.lancers.jp/magazine/?p=29878（2021年8月6日最終閲覧）
ランサーズ（2021）「フリーランス実態調査2021」
http://speakerdeck.com/lancers_pr/huriransushi-tai-diao-cha-2021（2021年8月6日最終閲覧）
OECD (2016) “Automation and Independent Work in a Digital Economy” POLICY BRIEF ON THE FUTURE OF WORK – (Vol. 2)
https://www.oecd.org/els/emp/Policy%20brief%20-%20Automation%20and%20Independent%20Work%20in%20a%20Digital%20Economy.pdf（2021年6月17日最終閲覧）

（小倉祥子）

第5章
ライフキャリアの多様性

一人ひとりの人生を見た時，そこで展開されるライフスタイルには個人差があり，またライフステージによって変化していくことに気づく。こういったライフスタイルの多様性と変化・発達を説明するものの一つが，ライフキャリアである。個々人のライフキャリアを見ていくと，その人独自のものであり，その人にとって意味のあるまとまりがあることが見えてくる。

ではその人らしいライフキャリアとはどんなものだろうか。それは，子ども時代からもっている興味や関心，家族や友人との関係のあり方，新しい経験に出あった時の不安やチャレンジしたい気持ち，そして何よりその人が自分らしくいられるという感覚と，密接に関連している。このような自分に親しみある感情・価値観・感覚をふりかえってみると，どのようなことが思い浮かぶだろうか。

この章では，自分らしいライフキャリアを歩むために手がかりとなる心理学の理論や考え方を紹介したい。思い浮かべたいくつかの自分らしさを，ライフキャリアという枠組みを用いて育んでみよう。

1 ライフスタイルとライフキャリア

生涯におけるライフスタイルの変化

個人は人生の各段階に応じてまた生活環境に応じて，ライフスタイルを構築していく。たとえば，学生時代には学業，課外活動，友人関係，アルバイト，食生活などをコーディネートするような形でライフスタイルを形成していくだろう。職業人になればライフスタイルには，職場や職務内容，職業上の人間関係の影響を受けて，大きく変化する部分が出てくる。また家庭をもったり育児や介護に携わったりすることになれば，家庭内のケアも含みこんでライフスタイルを形成することになるだろう。

こういったライフスタイルの変化は，個人のなかでどのように体験されているのだろうか。個人における生活上の体験や意味づけがその人の生涯のなかで構築されていくという側面を表す概念として，ライフキャリアがある。そこで，ライフスタイルを時間軸でとらえる時の視点としてのライフキャリアを検討したい。

ライフキャリアとは

キャリアの語源は cart（荷車）やラテン語の carrus（車輪の跡，轍（わだち））とされている。人は人生において，その道すがら経験したことやそれを自分なりに意味づけたことを荷車に乗せて進んでいるようなものだと想定してみよう。そこで積みこまれた荷物，また歩みの道中で後ろをふりかえった時に見えた轍（わだち）がキャリアなのだと考えることができる。

なおキャリアは元々，職業上の経歴や行動，発達に焦点づけて論じられていた。しかしその後，職業生活に加えて家庭生活や余暇生活という生活上のあらゆる側面に広げて考えるように発展していった（川崎 2021）。この違いを明確にする場合には，前者をワークキャリア，後者をライフキャリアと呼ぶ。

本章では，人生上のあらゆる体験やその歩みを表現するライフキャリアについて，心理学の観点から代表的な理論や近年の動向を論じることで，個々人がライフキャリアを意味づけ構築するために有用となる視点を提示したい。

2　主な理論によるライフキャリアの考察

ライフキャリアのイメージをもつ：ライフスパン・ライフスペース・アプローチ

ライフキャリアのイメージをもつとき，D・E・スーパー（Super 1990）のライフスパン・ライフスペース・アプローチが役に立つだろう。

図表5-1　ライフキャリア・レインボー

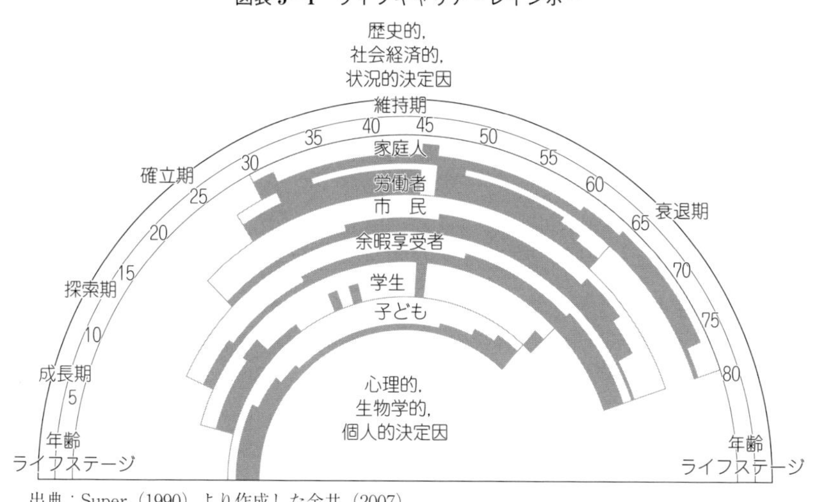

出典：Super（1990）より作成した金井（2007）。

人は人生において，仕事での役割，家庭での子ども役割や親役割，また社会における市民役割や余暇人としての役割などさまざまな役割をもっている。そしてこれらの役割がどのくらい重要かは，個人によって異なる。このように個人における幅広い役割のあり方をとらえる視点が，ライフスペースである。

それぞれの役割を歩むプロセスにおいては，環境への適応を図りながら自己の内面を探索する青年期，確立する成人期，維持する中年期，解放される老年期という発達段階を見ることができる。ただしこれらの発達は直線的であったり固定的であったりするものではなく，揺らぎと再構築が繰り返される。このようなライフキャリアにおける時間軸をとらえる視点が，ライフスパンである。

そしてライフスパンとライフスペースという2つの次元から，ライフキャリアを虹に喩えて表現したものがライフキャリア・レインボーである（図表5-1）。ここでは各年齢段階でどの役割にどの程度の心理的エネルギーを傾けたかが，虹の各色の太さで表現される。したがって，個人によって全く異なったレインボーが描かれることになる。人がこれまでのライフキャリアを振り返り，また今後のライフキャリアを見通すために，この理論を役立てることができるだろう。

ライフキャリア上の困難に対処する：
ライフ／キャリア／家族サイクルの相互作用モデル

ライフキャリアにおいては，ストレスが非常に高く，乗り越えるのが困難な時期が起こり得る。そのような時に，複数のライフキャリアの相互作用を見ることによって対処の手がかりを得る視点が，E・H・シャイン（Schein 1978）によって提示されている。

ここではまず個人を，① 生物学的・社会的な存在，② 家族関係における存在，③ 仕事における存在の複合体としてとらえる。そしてそれら３つは，人生を経過するなかで，それぞれの達成課題を乗り越える局面を迎えるというライフサイクルをたどると考える。それを表したものが図表５－２である。この図はおおよその目安であり，具体的な曲線の軌跡はもちろん個人によって異なる。

この図のようにライフキャリアを表現することができれば，個人が現在体験している困難が，その人のなかのどの側面によるどのような困難によるものか，また複数のライフサイクルが相互に作用してより困難を高めていることになっていないかなどを客観的に見つめ直すことができるだろう。またそのような理解をもつことによって，“今は困難でも当然の時だ”と現状を受け入れたり，“一方の役割を優先して，他方の役割は脇に置いてみよう”とか“他者にサポートを求めてみよう”といった具体的な対処を検討することができると期待される。

ライフキャリアの転機を乗り越える：キャリア・トランジション

ライフキャリアにおいては転機や節目があり，これをキャリア・トランジションと呼ぶ。進学・就職・結婚といった予期できるトランジションもあれば，病気・予定外の妊娠・急な異動など突然直面するトランジションもある。後者の場合は，まずはひたすら急展開する状況に対応し，通り抜けた後にその体験を振り返るということになるだろう。一方前者の場合は，どの程度計画すれば良いのか，また一旦選択したことが本当に良かったのか，などと迷うことも出てくるだろう。そのような時に，金井（2002）による節目に注目したキャリ

図表５－２　ライフ／キャリア／家族サイクル相互作用のモデル

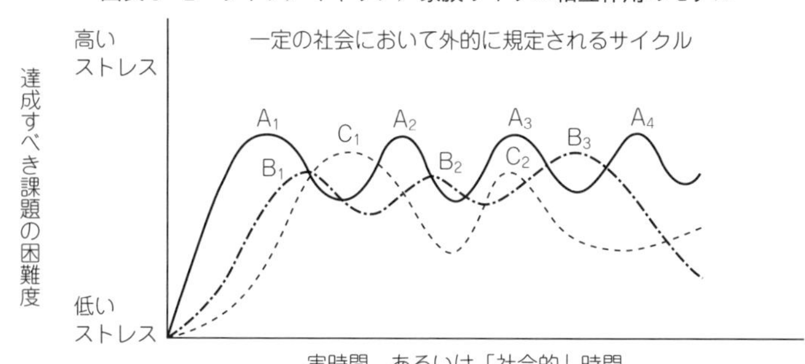

記号解：

A ―― 生物社会的ライフサイクル　　B－・－・仕事／キャリアのサイクル　　C－－－－新家族のサイクル

A_1	青春期	B_1	キャリア／組織へのエントリー	C_1	結婚，子ども
A_2	10代の危機	B_2	在職権の獲得	C_2	子どもの成長
A_3	中年の危機	B_3	引退		
A_4	老年の危機				

出典：Schein（1978）。

ア・トランジション・モデルが助けになると考えられる。

これはライフキャリア上の節目に注目し，①キャリアに方向感覚をもつ→②節目だけはキャリア・デザインする→③アクションをとる→④ドリフト（流されること）も偶然も楽しみながら取り込む→①……というサイクルをたどるという理論である（図表５－３）。たとえばライフキャリア上のトランジションである進路選択においては，事前にすべてを計画することはできないし，予測したことがそのまま実現されるものでもない。したがって，節目だけは計画・選択するが，その後は置かれた環境で最善を尽くし，時には予定外のことにも流され（ドリフト）ながら楽しむことが大切であり，それが次の可能性や夢に開かれることにつながるということを示している。これはライフキャリアの転機に際して，臆せずに一歩を踏み出すために背中を押してくれる理論といえるだろう。

ライフキャリアを人生全体に織り込む：統合的ライフ・プランニング

これまで見てきたように，ライフキャリアは多様な側面をもち，それぞれが

図表5－3　もうひとつのキャリア・トランジション・モデル

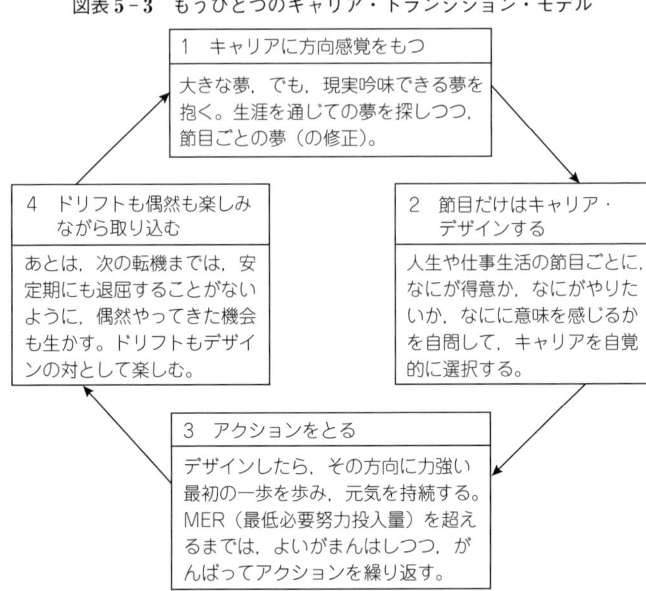

出典：金井（2002）。

相互に作用しながら変化・発達するという特徴があるため，人が自分のライフキャリアの全体像をとらえようとするとき，混乱や困惑が起こりやすい。そのような時に，L・S・ハンセン（Hansen 1996）による統合的ライフ・プランニングが手がかりになるだろう。

ここでは，ライフキャリアを統合することに主眼が置かれている。その統合するありようは，布のピースを縫い合わせて芸術作品を作るキルトであると喩（たと）えられている。そしてその統合は，人生の6つの主要課題（①変化するグローバルな文脈のなかでなすべき仕事を見つける，②人生を意味ある全体のなかに織り込む，③家族と仕事をつなぐ，④多元性と包含性に価値を置く，⑤スピリチュアリティ（精神性）を人生の目的として探求する，⑥個人の転機と組織の変化をマネジメントする）への取り組みに集約される。この6つの課題はいずれも現代社会が直面している課題であり，それに取り組むことはそれほど簡単ではない。しかし1つでも2つでも心惹かれるテーマがあれば，それを手がかりにすることで，人生の全体性を意味あるものに織り上げる助けになるだろう。さらにこの６つの課題は，今後の自分の人生を統合するための指針としても有用だと考えられる。

3 多様なライフキャリアの実際

仕事と家庭を両立・調整・統合する：ワーク・ファミリー・バランス

ライフキャリアにおいて，仕事役割と家庭役割を両立することは現実的で重要な課題である。ワーク・ライフ（ファミリー）・バランスと表現されるこの事象に関して，心理学では“時間的あるいは物理的な釣り合い（バランス）”としてとらえるのではなく，２つの役割の“関係性”に注目してとらえている。

一方の役割での経験が他方の役割での達成に対して，ネガティブな影響を及ぼす側面もあり，またポジティブな影響を及ぼす側面もあるという考え方である。前者をワーク・ファミリー・コンフリクト（仕事－家庭葛藤）と呼び，仕事で疲れて家事が十分できないこと，家族のケアのために仕事が制限されることなどによる葛藤が当てはまる。後者はワーク・ファミリー・ファシリテーション（仕事–家庭促進）と呼ばれ，仕事で達成感が得られるために家庭でも充実して過ごせること，家庭でリラックスすることによって仕事に一層励めることなどが含まれる。

このように役割間の関係性をとらえると，両立生活は決してエネルギーの分配の問題のみとはいえない。「コンフリクトに対処してファシリテーションに価値をもつことによって，仕事と家庭それぞれの役割の意味を考えつつ両者を調整し統合する」という方向を目指すことができるだろう。

自律的にキャリアを形成する：キャリア自律

日本では長らく終身雇用・年功序列といった雇用慣行があり，組織が個人を長期的に雇用するなかでキャリア開発・支援を行ってきた。個人にとっては，いったん組織に所属すれば受動的にキャリアも発達していくという側面があったといえよう。しかし長引く不況や国際競争の激化によって組織変革が必要とされる現代においては，個人が自律的にキャリアを形成することの重要性に光が当てられてきている。

自律的なキャリアには，自分にとって重要な価値や目的を明確にもつこと，キャリアを主体的に選択し自己責任をもつこと，新しい人間関係や仕事を楽しみながら経験すること，ひとつの組織にこだわらないこと，新しい知識や情報を積極的に収集することなどの側面がある（堀内・岡田 2016；武石・林 2013）。

ここから，今後ますます変化していく社会のなかで人が自律的なキャリアを形成するためには，主体性や自分の価値観を明確化するとともに，柔軟性や環境への適応性を高めることが大切だといえるだろう。

ゆるやかにキャリアを紡ぐ：善財童子キャリア，パラレルキャリア

流動的に変化していく社会においては，主体的・自律的にキャリアを形成する側面だけでなく，よりゆるやかにキャリアを紡ぐあり方にも光を当てる必要がある。

安藤（2014）は13回の転職を経験した個人のキャリアに，生活と職業の融和という職業観，地域移動にこだわらない漂泊する自己イメージ，学びの旅としての転職という特徴のあることを見出した。そしてこのキャリアのメタファーとして，53人の師を訪ね歩いて悟りに至った華厳経における善財童子を用いた。このキャリアは“個人”ではなく“関係性”に注目した観点であり，日本文化の特徴の一面を抽出したものでもある。

また本業以外のキャリアを示すパラレルキャリアは，経営学者のP・ドラッカーによって提言された概念である（Drucker 1999）。経済界では，パラレルキャリアによって自己理解やスキル向上を高め，本業のキャリアを活性化するという目的的な効果が見出されている。しかしそれだけでなく，パラレルキャリアを同時並行のまま継続するなかで，各キャリア間の相乗効果が起こり，それによって個人の夢やミッションにつながっていくというあり方も見出されている（跡部 2017）。

これらの知見から，キャリアは「個人が目的をもって一本の道のりを形成するもの」だけでなく，「関係性のなかで多様な道を歩みながら，個人の目的につながるもの」でもあることが示唆される。ゆるやかにキャリアを紡ぐこのあ

り方もまた，今後のキャリア形成の一つの潮流になるのではないだろうか。

4 ライフキャリアにおける今後の心理学的課題

個人の満足感・健康度と組織や社会の安全感・生産性との両立

個人のライフキャリアにおいては，その人自身が満足しているか，健康であるかが重要である。同時に，個人のライフキャリアは外部環境すなわち関連する組織や社会との相互作用のなかで作られる側面をもつため，組織や社会への注目も必要となる。そこで，個人が満足し健康であることと，組織や社会が安全かつ生産的にあることとが，相互に作用しながら両立することが望ましいといえる。この両立は簡単なものではないが，個人と組織・社会のそれぞれの立場・視点をもち続けることでその統合が導かれるだろう。

ウィズ／アフターCOVID-19における多様なキャリアの展開

2020年初頭から拡大したCOVID-19によって，働き方や生活の仕方では大きな変化を余儀なくされた。とくに“毎日職場に通勤する”というワークスタイルからの変化は，リモートワーク（自宅など遠隔地での仕事）の活用にとどまらず，ワーケーション（ワークとバケーションの組み合わせの造語）やデュアルライフ（2拠点生活）への移行ももたらした。これらの働き方・生活の仕方の変化は，個人のライフキャリアにも影響を及ぼすだろう。

その影響のポジティブな面として，ライフキャリアの多様化の促進が挙げられる。ここ数十年，多様な人々が多様な生き方をすることが目指されつつも，従来の伝統的な価値観や文化が固着しているためにその実現は困難であった。しかしこの度の社会的な危機が強力な外圧として作用することで，個人の多様な生活の仕方がむしろ認められやすくなったという側面があるのではないだろうか。

一方ネガティブな影響としては，社会や組織が個人をマネジメントすることや，個人が社会や組織にコミットすることが難しくなるという側面が挙げられるだろう。

したがって今後は，多様化するライフキャリアを支える社会的な価値観や態度のあり方について，考え育んでいくことがますます必要になるだろう。

学習課題

自分オリジナルのライフキャリア・レインボーを描いてみよう。

1．現在の年齢の場所を見てください。生まれてからこれまでをふりかえり，これまでの自分の役割（子ども，学生，余暇人など）について，各役割にどの時期にどのくらいのエネルギーを傾けたか，虹の幅で表現してみよう。

2．今後の人生をイメージしてください。未来における自分の役割（未体験である市民，労働者，家庭人なども含める）について，今後，各役割にどのくらいのエネルギーを傾けたいかという希望や想定を，虹の幅で表現してみよう。

〈参考〉

子どもキャリア：親にとっての子ども役割

学生キャリア：学業に取り組む役割

余暇人キャリア：スポーツや文化活動などの趣味を楽しむ役割

市民キャリア：社会の一員として貢献する役割

労働者キャリア：働く役割

家庭人キャリア：家事・育児など家庭生活を営む役割

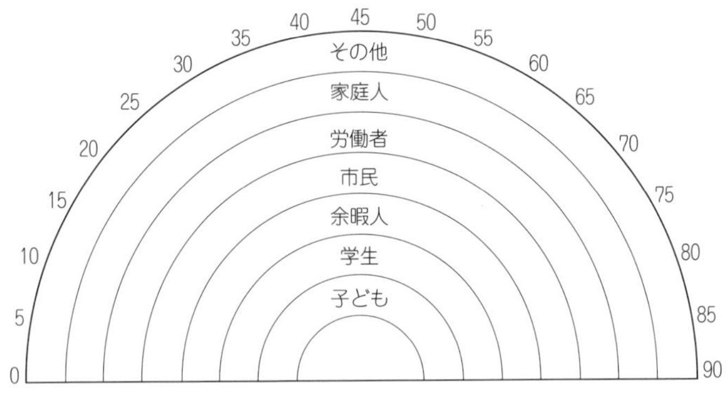

スタディガイド

① 渡辺三枝子（2018）『新版キャリアの心理学　第2版』ナカニシヤ出版。

⇨本書で紹介した理論を含めて，代表的なキャリア理論を丁寧に解説している。各理論を通して，キャリアをつくること・育むことのさまざまな視点について考えることができるだろう。

② 武石恵美子（2016）『キャリア開発論』中央経済社。

⇨多様性と自律性をキーワードに，新しいキャリアの考え方を丁寧に解説している。より柔軟でしなやかなライフキャリアを歩むための道しるべになるだろう。

引用・参考文献

安藤りか（2014）「頻回転職の意味の再検討：13回の転職を経たある男性の語りの分析を通して」『質的心理学研究』13：6-23。

跡部千慧（2017）「「パラレル・キャリア」のキャリア展望――収入源と志向生を複数もつ生き方に着目して」『キャリアデザイン研究』13：145-151。

金井篤子（2007）「ライフ・キャリアの虹」山口裕幸・金井篤子編『よくわかる産業・組織心理学』ミネルヴァ書房，84。

金井壽宏（2002）『働くひとのためのキャリア・デザイン』PHP 新書。

川崎友嗣（2021）「職業心理学」子安増生・丹野義彦・箱田裕二監修『現代心理学辞典』有斐閣，376。

武石恵美子・林洋一郎（2013）「従業員の自律的なキャリア意識の現状――プロティアン・キャリアとバウンダリーレス・キャリア概念の適用」『キャリアデザイン研究』9：35-48。

堀内泰利・岡田昌毅（2016）「キャリア自律を促進する要因の実証的研究」『産業・組織心理学研究』29：73-86。

Drucker, P. F. (1999) *Manegemnent challenges for the 21th century,* Elsevier Ltd.（ドラッカー，上田惇生訳（1999）『明日を支配するもの――21世紀のマネジメント革命』ダイヤモンド社）

Hansen, L. S. (1996) *Integral life planning : Critical tasks for career development and changing life patterns,* San Francisco, CA : Jossey-Bass Publishers.（ハンセン，平木典子・今野能志・平和俊・横山哲夫監訳（2013）『キャリア開発と統合的ライフ・プランニング――不確実な今を生きる６つの重要課題』福村出版。）

Schein, E. H. (1978) *Career dynamics : Matching individual and organizational needs,*

Reading, Mass: Addison Wesley.（シャイン，二村敏子・三善勝代訳（1991）『キャリア・ダイナミクス』白桃書房。）

Super, D. E. (1980) "A life-span, life-space approach to career development," *Journal of Vocational Behavior,* 16：282-298.

Super, D. E., Savickas, M. L., & Super, C. M. (1990) "A life-span, life-space approach to careers," In D. Brown, L. Brooks & Associates (Eds.), *Career choice and development* (2nd ed.), 121-178, San Francisco: Jossey-Bass.

（加藤容子）

第Ⅱ部
さまざまな視点から考えるライフスタイル

第6章

法学とライフスタイル

これまで20歳とされていた成年年齢は，2022（令和４）年４月１日から18歳に引き下げられた。売買や賃貸借などの契約を締結することも，司法書士，行政書士，社会保険労務士，公認会計士などの国家資格を取得したり，行政機関から許可を受けて古物業や探偵業，自動車運転代行業などを行ったりすることも，18歳で可能となった[1)]。

本章では，契約，婚姻，戸籍上の性別変更について説明する。選挙権年齢はすでに2016（平成28）年６月19日から引き下げられているが[2)]，衆参議院や都道府県・市町村議会の議員，また都道府県知事や市町村長の選出の一票を得ていることの意味も考えてほしい。

1 日々の暮らしと法

パン屋さんでパンを買う。この日常的な行為にも複数の法律が関わっている。

パン屋さんでパンを選ぶとき，私たちは，どのパンを選んでも健康被害が起きることはないだろうと信じている。悩むのは，あんぱんにするかカレーパンにするかサンドイッチにするかであり，賞味期限を確認したりアレルギー反応を避けたりするために食品表示を見ることはあっても，人体に悪影響を及ぼすような原材料が使われているのではと疑ったり，不衛生な環境で作られているのではと心配したりすることはない。お肉屋さんのお肉やコロッケ，スーパーやコンビニで売られているさまざまな食料品や飲料，レストランや居酒屋で提供される料理など，私たちの生命そして日々の暮らしはこれらの食品を口に入れたり調理して食べたりすることが欠かせないが，その基盤には食品として販売・提供されているものの安全性についての信頼がある。

この食品の安全性への信頼を成り立たせている法律の一つが食品衛生法である。食品として販売・提供されるものは，微生物による汚染や異物の混入などが生じないような施設で，原材料の受け入れから，製造・加工・調理，陳列・包装され，買主に渡されるまでの各工程が清潔で衛生的になされたものでなければならず，また，食品に関わる各店舗には一人以上の「食品衛生責任者」という資格を有する者がいなければならない。食品衛生法は，飲食による健康被害の発生防止を目的とし，そのために必要な規制や措置を定めている。

パンを製造し販売しようとするのであれば，都道府県知事から営業許可を受けなければならない［食品衛生法 第52条］。そのためにはまず，厚生労働大臣や都道府県が定めた基準を満たす構造や設備，機械器具などの施設を整備し，食品衛生責任者の資格を自ら取得したり有資格者を従業員として確保したりしなければならない。そして所在地を管轄する保健所に申請し，保健所の立入検査を受け，都道府県知事から許可を受ければ，パン屋さんとして開業することが可能となる［第55条］。この際，食パンやあんぱんを製造・販売する場合は「菓子製造業」という営業許可であるが，製造した食パンなどをサンドイッチなどに加工・調理して販売したり，パンをイートインで提供したりする場合は，「飲食店営業」という営業許可も受ける必要がある。

またパン屋さんは，一つ一つ包装したパンを陳列して販売する場合には，食品表示法に基づき，「食品表示」を付さなければならない［食品表示法 第５条］。食品表示法は，消費者の安全な摂取と自主的かつ合理的な選択を目的として，食品関連事業者に，内閣総理大臣が定める食品表示基準に従い，特定原材料（アレルゲン：食物アレルギーの原因となる物質）や保存方法などの表示を販売する商品に付すことを義務づけている。製造・加工・調理したパンを包装せずにそのまま陳列して販売する場合は表示義務はないが，包装する場合は，名称，原材料名（特定原材料を含む），添加物，内容量，消費期限または賞味期限，保存方法，製造者等の住所・氏名（名称）などを表示しなければならない。

法律に基づいて行政上の規制や措置がなされることにより，私たちは食品として販売されているものについて，食べられるものなのか，と疑ったり，食べてもよいものなのか，と不安に思ったりしなくて済んでいる。パン屋さんで気軽にパンを選ぶことができるのは，そこに並んでいるパンの安全性が食品衛生法によって確保され，食品表示法によってそのパンの原材料や賞味期限を確認できるようになっているからなのである。

2 民法と成年18歳（民法 第4条）

合意と契約

パン屋さんで100円のあんぱんを一つ買う。この行為は，あなたがパン屋さんと売買契約［民法 第555条］を締結し，双方がそれぞれの債務を履行し，あんぱんがあなたの所有物になる，という意味をもっている。

製造・加工・調理され並べられているパンはパン屋さんの所有物であり，パンに値段をつけて店の棚に並べることで，パン屋さんは「このあんぱんを一つ100円で売ります」と示している。自分があんぱんに有している財産権を代金100円を支払う人に移転するつもりがある，という売主としての意思表示をパン屋さんはしている。これに対しあなたは，あんぱん一つをトレイやカゴに入れたり手に取ったりしてレジに向かうことで，「このあんぱん一つを100円で買います」，つまり，100円を支払うので，パン屋さんがこのあんぱんに有している財産権を私に移転してほしい，という買主としての意思表示をする。

売主と買主の意思が合致して売買契約が成立すると，売主と買主にはそれぞれ権利と義務（債権と債務）が生じる。パン屋さんには売主としてあなたから100円を受け取る権利とあなたにあんぱん一つを引き渡す義務があり，あなたには買主としてパン屋さんからあんぱん一つを受け取る権利とパン屋さんに100円を支払う義務がある。双方が相手方に対する義務（債務）を履行することで，つまりレジであなたがパン屋さんに100円を支払い，パン屋さんがあなたにあんぱん一つを引き渡すことで，パン屋さんが有していた財産権があなたに移転し，そのあんぱんはあなたの所有物となる。そして自分の所有物になった後に，あなたはそのあんぱんを食べることができる。

並べられているパンの中から何を選ぶのか，どのパンを買うのかはあなたの自由であり，買わないと判断するのもあなたの自由である。またパン屋さんがどのようなパンを並べるのか，パンをどのような価格で売るのかも，そのパンが食品として安全なものである限り，パン屋さんの自由である。

私たちは日々の暮らしの中でそれぞれ自由に行為し，自らの意思表示と他者の意思表示との合致（合意）に基づく権利義務関係をさまざまに結んでいる。切符を買って電車に乗る（旅客運送契約），DVD をレンタルする（賃貸借契約），美容室で髪を切る（準委任契約），友達にプレゼントする（贈与契約），アルバイトする（雇用契約）なども，他者との合意（明示の場合も黙示の場合もある）に基づく権利義務関係である。このような人と人との間（私人間）の権利義務関係を規律する法のジャンルを「私法」と言い，このジャンルの基本的な原則やルールを定める法律が民法である。

行為能力と未成年

民法のうち財産関係を規定する第一編から第三編（総則，物権，債権）は1896（明治29）年に制定されたが，成年年齢を満20歳と定めてきた[3)]。この成年年齢は，2018（平成30）年６月の民法改正により，2022（令和４）年４月１日から18歳に引き下げられた［民法 第４条］。

民法は，すべての人が私法上の権利（私権）の主体であること，すべての人に権利能力があることを定めている［第３条］。しかし，私権を行使するには，自らの行為によって生じる責任を負うこと（行為能力）が欠かせない。

自分のことは自分で決め，自分でその責任をもつ。これが民法そして私法の基本であるが，民法は成年年齢に達しない未成年者を例外とし，その行為能力を保護の対象としている。未成年者が法律行為をするときは，原則として法定代理人（親権者。親権者がいない場合は未成年後見人）の同意が必要であり，未成年者が法定代理人の同意を得ずに行った法律行為は，取り消すことができる［未成年者取消権：第５条］。取り消された法律行為は初めから無効であったことになり［第121条］，相互に原状回復の義務を負い，売買契約では，売主は受け取った代金を返還し，買主は受け取った商品を返還するか，使用や消費した場合にはその相当額を返還しなければならない［第703条］が，未成年者の場合にはその返還義務の範囲は現存利益のみでよいとされている［第121条の２］。

つまり，あなたがパン屋さんでパンを買えるのは，あなたが，並べられているパンの中から食べたいと思うものを自分で決定し，自分で使えるお金を持っていて，その代金を実際に支払うことができると判断してレジに向かうことができるからであり，パン屋さんもあなたの意思表示と債務の履行を信頼して売買契約を結ぶからである。あなたが幼児であれば，パン屋さんは保護者がそばにいることや「おつかい？」などと尋ねて保護者の同意があることを確認して，あなたが小中高生くらいであれば，パン屋さんは自分で使ってよいお小遣いを持っているのだろうと考えて，代金とパンの受け渡しを行う。商品やサービスが高額であればあるほど，また複雑なものであればあるほど，売主は，買主が成年か未成年かを確かめ，未成年者には法定代理人の同意を求め，商品について詳細に説明し，買主の意思表示と債務の履行を信頼できるかどうかを判断して，契約を結ぶ。

成年年齢には，独りで法律行為をすることができるという意味と，親権に服さなくなるという意味があるが，改正により，18歳・19歳は，法定代理人から親権（子の監護と教育，居所指定，懲戒，職業許可，財産管理と代理）を行使されることはなくなり，自分自身の判断と責任で法律行為をすることができるようになった。

住む場所や進学や就職などの進路を自分で決めることも，部屋を借りたり，クレジットカードをつくったり，ローンを組んで高額な商品やサービスを購入したりすることも独りでできる。しかし，この自由を楽しむには，自分の行為が権利義務の発生・消滅・変動の意思表示であることを認識し，信頼できる他者と合意を形成し，他者に自らの権利を主張するとともに自らの義務を負うことへの覚悟が必要である。マルチ商法や送り付け商法などの悪徳商法のように，一方のみが不当な利益を得る関係もあれば，部屋を借りても家賃を支払うことができなければ，貸主から，延滞損害金や契約解除，明け渡しなどの請求が正当なものとしてなされ，強制退去に至ることもありうる。

日々の暮らしの中で私たちは独りで自由に法律行為をする。そこで大切なのは，未成年者でなくなり親権に服さないとしても，相談することはできるということである。家族や友人だけでなく，例えば商品やサービスをめぐる問題であれば，内閣府消費者庁が全国共通の消費者ホットライン188や，独立行政法人国民生活センターや都道府県や政令市の消費生活センター，また雇用や就労をめぐる問題であれば，厚生労働省都道府県労働局の公共職業安定所（ハローワーク）や雇用環境・均等部（室）が相談窓口になる。自分のことは自分で決め，自分でその責任をもつために，このような行政機関を私たちは利用することができる。

3　婚姻18歳（民法 第731条の改正）

婚姻という関係

2022（令和４）年４月１日から，婚姻することができる年齢（婚姻適齢）も18歳になった［民法 第731条］。これまでは男性18歳・女性16歳であり，男女の２歳差について男女平等に反すると批判があり，1996（平成８）年２月には法務省法制審議会が改正案を示していたが，ようやく改正に至った。

婚姻は，「赤の他人」である二者の間に，合意に基づいて配偶という身分上および財産上の特別な関係を生じさせる法律行為であり，届出（婚姻届）によって成立する。民法の第四編（親族）には，「赤の他人」である二者が結びつく法律行為として，婚姻の他に，養子縁組と後見・保佐・補助があるが，これらの二者は対等ではない。養子は養親の親権に服し，「精神上の障害により事理を弁識する能力を欠く常況にある者」・「著しく不十分である者」・「不十分である者」［第７条・第11条・第12条］は後見人等の支援を受ける。これに対し，婚姻した二者は対等であり，互いに配偶者の３親等内の血族が自らの親族（姻族）となり［第725条］，互いに同居・協力・扶助の義務を有し，たとえ一方には収入があり他方にはない場合であっても，生活が同等の水準となるように保持しなければならない［第752条・第760条］。また民法第五編（相続）には，二者は互いに，一方の死亡時には他方が配偶者としての相続権を有し［第890条］，その相続権は，直系卑属（子や孫），死亡した一方の直系尊属（親やその親）や兄弟姉妹や甥姪よりも優先されると定められている［第890条］。

パン屋さんでパンを買う場合，「赤の他人」である売主と買主は対等な二者である。その二者が結ぶ売買契約は財産上の関係であり，身分上の関係は生じず，二者は「赤の他人」のままである。パンと代金の引き渡しが行われ，売主の財産権が買主に移転されれば，売買契約で結ばれた二者の関係は終了する。またその売買契約は，詐欺や強迫，錯誤などの事情がない限り，取り消すことはできない。これに対し，婚姻は身分上また財産上の関係であり，二者は「赤の他人」ではなくなる。その関係は，日々の暮らしの中で対等な二者がさまざまな取り決めや約束そして試行錯誤をしながら，離婚の届出（離婚届）または一方の死亡まで続く。取り決めや約束も契約であるが，民法は，婚姻した二者の間で結んだ契約について，婚姻中，いつでも，一方から取り消すことができる［夫婦間契約取消権：第754条］と定め，婚姻が，話し合いをしたりけんかをしたり仲直りしたりしながら維持される特別な二者関係であることを示している。

所得税や住民税の配偶者控除・配偶者特別控除［所得税法，地方税法］，健康保険の被扶養者（健康保険法），国民年金の第三号被保険者［国民年金法］などは，婚姻という特別な二者関係に基づいている。また，一方が死亡した際の相続では，配偶者は相続税の控除や税率における優遇［相続税法］を受けるが，住み慣れた家に住み続けることが難しいという問題が指摘されていた。居住建物の所有権を相続できなかったり，相続しても他の相続人のために売却せざるを得なかったりするためである。2018（平成30）年７月の民法改正では，第五編（相続）に「第八章 配偶者の居住の権利」が新設され，配偶者が，遺言や相続人間の話合い（遺産分割協議）によって住み慣れた家に無償で住み続けること［配偶者居住権：第1028条］や，最低６か月間は住み続けること［配偶者短期居住権：第1037条］が可能となった[4)]。

婚姻と姓

婚姻をめぐっては，「性」と「姓」の問題がある。民法は「夫婦は，婚姻の際に定めるところに従い，夫又は妻の氏を称する」［民法 第750条］と定め，異性間のカップルを前提とし，婚姻後の二者の姓をいずれか一方の姓での同姓としている。婚姻届には「夫になる人」と「妻になる人」が記入する欄があり，「父母との続き柄」の項目には「○男」「○女」という記載があり（○のところに長・次・三などを記入する），また「婚姻後の夫婦の氏」の項目では「夫の氏」か「妻の氏」のいずれかにチェックを入れるようになっている。同性間のカップルや，一方の姓が変わることを望まないカップルの婚姻届は受理されない。このようなカップルは，婚姻するという選択自体，することができない。

婚姻後の「姓」については，「女子に対するあらゆる形態の差別の撤廃に関する条約（女子差別撤廃条約）」[5]が国際連合第34回総会で採択された1979（昭和54）年12月18日の前後に，特にヨーロッパの諸国が，夫の姓での同姓から，二者がそれぞれ個人として婚姻後の自分の姓を選択する原則的別姓へと変更している[6]。例えばドイツは，夫の姓での同姓であったが，1957（昭和32）年に妻は自分の姓を付加できるとし，1976（昭和51）年には妻の姓での同姓も可能とした。1993（平成５）年には，共通姓を定めない限り別姓，つまり別姓を原則とし，例外として一方の姓を共通姓として同姓にすることも，相手の姓を共通姓とした他方が共通姓に自分の姓を付加し複合姓にすることもできるとした。

日本は1985（昭和60）年６月25日にこの条約を批准した後も同姓を婚姻成立の要件としており，婚姻届は「婚姻後の夫婦の氏」を「夫の氏」と「妻の氏」のどちらにするかチェックを入れなければ受理されない。同姓を強制する民法第750条は「違憲」であるという訴えを，最高裁判所は2015（平成27）年12月16日に退け，「合憲」としている。

2003（平成15）年以降，日本は女子差別撤廃委員会から，民法第750条は差別的な規定であるという指摘を受け続けている。最高裁判所の合憲判決についても委員会は翌年2016（平成28）年３月７日の最終見解において「遺憾に思う」とし，「この規定は実際には多くの場合，女性に夫の姓を選択せざるを得なくしている」と明記して，日本に「夫婦の姓の選択に関し，妻が婚姻前の姓を維持しうるよう制度を改めること」を要請している[7]。

日本政府は，2016（平成28）年５月20日に「女性活躍加速のための重点方針2016」を決定し，その一項目に「旧姓の通称としての使用の拡大」を位置づけた。そして，2019（令和元）年11月５日からは住民票やマイナンバーカード等の旧姓併記を，12月１日からは運転免許証の旧姓記載を可能にした[8]。これは，旧姓を公認の通称とすることによって，民法第750条の改正はせずに，婚姻後の同姓を維持するものである[9)]。

しかし，旧姓使用の拡大を図っても女子差別撤廃委員会の要請に応えたことにはならない。日本では，95%を超えるカップルが「夫の氏」にチェックを入れた婚姻届を提出しているが，「夫の氏」か「妻の氏」かを選択できるという認識も，どちらにするかを話し合い，合意してチェックすることが必要であるという認識も，十分ではないという現状がある。このまま旧姓使用を拡大しても，旧姓使用することになる「妻」が増え，「夫の氏」と自分の旧姓を使い分ける面倒を「妻」が負うことになるだけであると言われている。

女子差別撤廃条約は婚姻後の姓の選択を個人の権利と定めているが，二者それぞれが選択した結果として同姓になること，また二者が話し合い，合意して同姓にすることを認めている。婚姻後の姓について，日本では「夫婦は同姓であるべきか。別姓も認められるべきか」という議論があるが，委員会の要請は，カップルが対等な二者として話し合うためには個人の権利という意識が欠かせないことを私たちに示している。

婚姻と性

「性」については，日本においてもようやく，対等な二者の間に身分上また財産上の特別な関係が生じるのは異性間カップルのみでよいのか，また，その特別な関係は婚姻だけでよいのか，という2つの問題が意識されるようになってきた。2015（平成27）年11月5日に渋谷区と世田谷区（東京都）がそれぞれ開始したパートナーシップ制度は，同性の二者がカップルであることを自治体が証明するものであるが，2022（令和4）年1月時点で約150の市区町村等が開始するまでになっている。日々の暮らしの中で，異性間であれ同性間であれ，二者が「赤の他人」ではなくカップル関係にあるという証明が必要な場面があることへの理解は進んでいる。また，千葉市（千葉県）や港区（東京都）などは，同性間でも異性間でも利用できる制度とし，異性間カップルが婚姻とは別のカップル関係として選択できるものとしてパートナーシップを位置づけている。

スウェーデンは，1994（平成6）年の「パートナーシップ登録法」により，異性間の婚姻と同等の身分上また財産上の関係を同性間に認め，2009（平成21）年にはこれを廃止して「性別に中立な婚姻法」を制定し，婚姻は異性間また同性間いずれのカップルでも成立する，とした。フランスは，1999（平成11）年の民法改正により，異性間の婚姻とは別の特別な関係として PACS（Pacte civil de solidarité）を異性間と同性間に認め，2013（平成25）年の民法改正により，婚姻を異性間また同性間に認めた。フランスでは異性間であれ同性間であれ，カップルは自分たちの身分上また財産上の関係について，権利や義務の違いを考慮して，婚姻か PACS かそれ以外かを選択できる。

日本のパートナーシップは，各自治体の議会の条例や首長の要綱に基づく制度であり，カップルには自治体による証明という意味しかない。対等な二者の身分上また財産上の特別な関係は，異性間のみに認められるべきなのか。そしてそれは婚姻のみであるべきなのか。自治体ではなく，国が法律によって行うべきことは何であるのか，私たちは考えなければならない。

4　戸籍上の性別の変更　18歳（性同一性障害特例法 第3条）

私たちが自分の性別だと思っているものは，出生時に医師等が外性器の形状（ペニスかヴァギナか）によって判断したものである。医師等は出生証明書の「男女の別」欄で「1 男　2 女」のいずれかに丸をし，その出生証明書を添付資料として親が出生届をすることにより，子の戸籍や住民票が作成され，性別が記載される。

出生時に定められた戸籍上の性別と性自認が一致しないことによる精神的な苦しみは，「性同一性障害」と呼ばれている[10)]。2003（平成15）年に制定された「性同一性障害者の性別の取扱いの特例に関する法律（性同一性障害特例法)」は，戸籍上の性別変更，つまり性別を男性から女性にまた女性から男性に変更する手続きについて定め，家庭裁判所に申立てし審判を受ければ，申立人を筆頭者とする新戸籍が編製され，変更後の性別で父母との続柄欄が記載されることになった。

ただし，性別変更しうるのは，性同一性障害という診断を複数の医師から受け［特例法 第２条］，５つの要件［第３条１項一～五号］を満たす者のみである。

性同一性障害特例法
第３条（性別の取扱いの変更の審判）
１項　家庭裁判所は，性同一性障害者であって次の各号のいずれにも該当するものについて，その者の請求により，性別の取扱いの変更の審判をすることができる。
一　十八歳以上であること。
二　現に婚姻をしていないこと。
三　現に未成年の子がいないこと。
四　生殖腺がないこと又は生殖腺の機能を永続的に欠く状態にあること。
五　その身体について他の性別に係る身体の性器に係る部分に近似する外観を備えていること。
２項　前項の請求をするには，同項の性同一性障害者に係る前条の診断の結果並びに治療の経過及び結果その他の厚生労働省令で定める事項が記載された医師の診断書を提出しなければならない。

＊第１項一号は，「二十歳以上」から「十八歳以上」に改正された。

特例法は戸籍上の性別変更を可能にしたが，戸籍上の性別と性自認が一致しないことで苦しんでいる人に，性別変更したいのであれば５つの要件を満たせと要求している。さらにその５つの要件も，すべて適切で必要な条件であるのかが問われている。１つ目の年齢要件は，自分自身で判断し責任をもつ年齢が成年とされているためであるが，幼少のころから性自認が明確である場合も成年年齢になるまで申立てができないことになる。２つ目の非婚要件は，異性間カップルにのみ婚姻が認められているためであるが，同性間カップルに婚姻などが認められれば不要になる要件であるし，婚姻している一方が性別変更をすることを他方が理解しているカップルも離婚しなければならなくなる。３つ目の子なし要件は，子の福祉のためとされているが，自分が成年になるまで親に性別変更を待たせることになる，と子に思わせることになる。４つ目の生殖不能要件は，申立て前に変更後の性別と合致しない精巣や卵巣を切除しておくこと，５つ目の外観近似要件は，申立て前に変更後の性別と合致しない外性器の形状を合致する形状に近づけておくことを意味するが，どちらも身体的な負担はもちろん，時間的また経済的な負担も大きい手術であり，誰でも受けられるわけではない。

パン屋さんでパンを気軽に選ぶことができるのは，食品衛生法や食品表示法によって，販売されているパンに対する買主の安全と安心が守られているためであった。食品は買主の生命や身体に影響を及ぼすものであるがゆえに，それらの法律は売主に規制や措置を課していた。では，特例法が５つを要件とすることで，誰のどのような安全と安心が守られているのだろうか。戸籍上の性別に苦しんでいる人に５つの要件を満たさなければ性別変更を認めないとすることは，正しいことなのだろうか。

私人間の権利義務関係を規律する法のジャンルである私法に対し，国や自治体などと国民や住民との権力統治関係を規律する法のジャンルを「公法（こうほう）」と言う。私たちはこれらの法のネットワークの中で，自分のことは自分で決め，自分でその責任をもち，日々を暮らしている。しかし今ある法が常に正しいわけではない。婚姻後の姓は同姓であるべきなのか，婚姻は異性間のみでよいのか，婚姻以外のカップル関係について定める法律も必要ではないのか，戸籍上の性別変更に５つの要件は必要なのか。法について考え，法を問い直し続けることで，私たちはさらに自由に行為し，さまざまな権利義務関係を結ぶことができることになる。

国会・内閣・裁判所，立法・行政・司法という三権分立は，法の定立・法の執行・法の適用であり，衆参議院議員，都道府県・市町村議会の議員，都道府県知事や市町村長の選挙や最高裁判所裁判官の国民審査における一票は，法律の制定・改正・廃止を担う者，法律に基づく規制や措置を担う者を選出する一票であり，法律に基づく判断や法律の正しさの判断を担う者を選考する一票である。自分の一票が，今ある法を問い直す一票であることを私たちは忘れてはならない。

図表6-1　三権分立の図

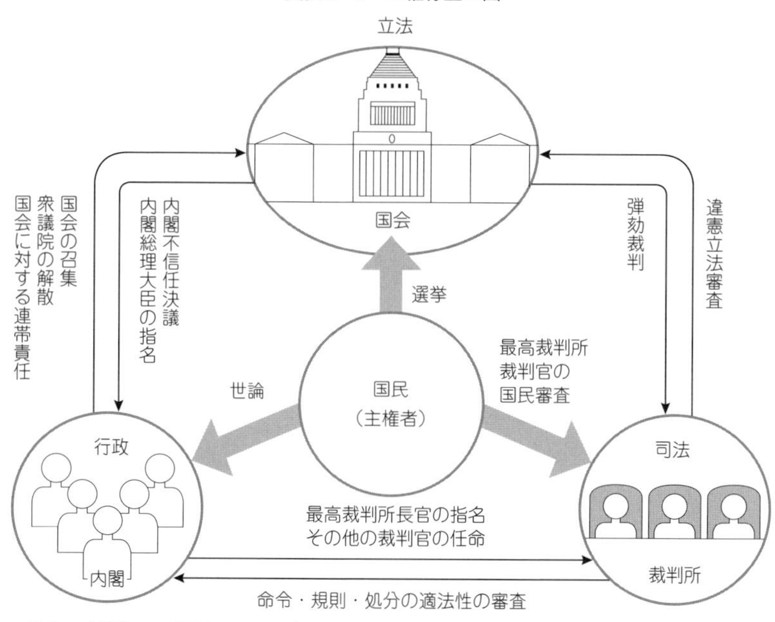

出典：衆議院 HP「国会について」

学習課題

1．自分のライフスタイルやライフキャリアのキーワードを考えてみよう。

2．キーワードについて定めている法律などがあるか，どのようなことが定められているか，調べてみよう。

＊e-Gov 法令検索　https://elaws.e-gov.go.jp/　の検索用語の欄に入力してください。

スタディガイド

① 副田隆重・浜村彰・棚村政行・武田万里子（2020）『ライフステージと法』有斐閣アルマ。

⇨就職，結婚，離婚，介護，相続などのライフステージに沿って，法律の関わりを解説している本です。身近な関心から法学という学問分野にアプローチし，さらなる探究を始めることができます。

② 毎日新聞「境界を生きる」取材班（2013）『境界を生きる――性と生のはざまで』毎日新聞社。

⇨「性同一性障害」と「性分化疾患」。男か女かという区別による苦しみを抱えた人たちが取材に応じています。「性別」について無関心でいてはいけないと思わせられる本です。

③ 中山竜一（2009）『法学　ヒューマニティーズ』岩波書店。

⇨法は，知っておけば役に立つものだと言われています。しかしそれだけではありません。法を学ぶということ，法学を学ぶということについて，この本は語ってくれます。

注

1）　たとえば司法書士は，司法書士法の第5条「次に掲げる者は，司法書士となる資格を有しない。」に「二　未成年者」と定められているため，成年年齢の引き下げにより18歳で資格を有することが可能になった。ただし，飲酒と喫煙は，未成年者飲酒禁止法が「二十歳未満ノ者ノ飲酒ノ禁止ニ関スル法律」に，未成年者喫煙禁止法が「二十歳未満ノ者ノ喫煙ノ禁止ニ関スル法律」に改正され，20歳未満禁止が維持されている。また，競馬・競輪・オートレース・競艇（ボートレース）は，「未成年者」禁止が「二十歳未満の者」禁止に改正され（競馬法 第28条，自転車競技法 第9条，小型自動車競走法 第13条，モーターボート競走法 第12条），20歳未満禁止が維持されている。

2）　2015（平成27年）6月の公職選挙法等の改正による。

3）　1876（明治9）年太政官布告第41号以降，満20歳が成年とされてきた。

4）　2020（令和2）年4月1日以降に発生した相続から適用されている。

5）　女子差別撤廃条約は第16条1項(g)「夫及び妻の同一の個人的権利（姓及び職業を選択する権利を含む。)」として，姓の選択を個人の権利と定めている。

6）　イタリア（1975年），オーストリア（1975年および1986年），デンマーク（1981年），スウェーデン（1982年）など。

7）　第7回及び第8回報告に対する女子差別撤廃委員会最終見解（平成28年3月）12(c)と13(a)より。

8）　2019（平成31）年4月17日に公布された「住民基本台帳法施行令等の一部を改正する政令」に基づく。

9）　最高裁判所は2021（令和3）年6月23日大法廷決定においても，婚姻後の同姓を定めている民法第750条は「合憲」であるとし，別姓を求める訴えを退けた。

10)　世界保健機構（WHO）は2019（令和元）年5月25日に「国際疾病分類」を改訂した。ICD-10で「性同一性障害」と翻訳されていたTranssexualism（F64.0）は，ICD-11ではGender Incongruence（HA60,61,6Z）へと名称変更され，分類項目も【Mental and behavioural disorders（精神および行動の障害）】から【Conditions related to sexual health 性の健康に関連する状態】へと変更された。変更後の名称は「性別違和」や「性別不合」と翻訳されている。

引用・参考URL（2022年3月9日最終閲覧）

総務省HP「選挙権年齢の引下げについて」
https://www.soumu.go.jp/senkyo/senkyo_s/news/senkyo/senkyo_nenrei/

法務省HP「民法の一部を改正する法律（成年年齢関係）について」
https://www.moj.go.jp/MINJI/minji07_00218.html

法務省HP「残された配偶者の居住権を保護するための方策が新設されます。」
https://www.moj.go.jp/MINJI/minji07_00028.html

内閣府男女共同参画局HP「女子に対するあらゆる形態の差別の撤廃に関する条約（CEDAW）」
https://www.gender.go.jp/international/int_kaigi/int_teppai/index.html

内閣府男女共同参画局HP「第7回及び第8回報告に対する女子差別撤廃委員会最終見解（平成28年3月）」
https://www.gender.go.jp/international/int_kaigi/int_teppai/pdf/CO7-8_j.pdf

外務省HP「女子差別撤廃条約」
https://www.mofa.go.jp/mofaj/gaiko/josi/index.html

厚生労働省HP「疾病，傷害及び死因の統計分類」（ICD-10（2013年版）に準拠した日本の分類）　https://www.mhlw.go.jp/toukei/sippei/

世界保健機構（WHO）「ICD-11」　https://icd.who.int/en

（村林聖子）

第7章

社会福祉学とライフスタイル

社会福祉と聞くとどんなイメージをもつだろうか。親元で生活できない施設入所の子どもたち，介護が必要なお年寄り，貧困に直面し路上生活を余儀なくされた人々を想像するかもしれない。一見，自分とは無縁にみえる社会福祉であるが，私たちの誰もが人生を歩むうえで必ず利用するのが福祉制度や福祉サービスである。ライフスタイルの変化に伴い，どのような福祉問題が存在するのか。ここでは限られた人への福祉ではなく，すべての人が生活者として利用するかもしれない身近な福祉制度や福祉サービスに焦点を当てて理解を深めていこう。

1 妊娠・出産期をめぐる福祉的ニーズと支援策

妊娠・出産・子育て期をめぐる福祉的問題

妊娠・出産・子育て期というこれまでのライフスタイルが大きく変わるこの時期，初めての経験に私たちは戸惑い，ときに不安や孤独を感じることがある。こうしたなかで支援を要しているのが予期せぬ妊娠，妊産婦健診の未受診，精神疾患の合併，配偶者からの暴力など胎児虐待や子ども虐待に結び付く可能性が高い妊産婦，いわゆる「社会的ハイリスク妊産婦」である。近年では，若い世代による予期せぬ妊娠相談が増えている。なかでも地域社会とのつながりが希薄な10代での妊娠・出産経験者の割合が増加し，高齢初産よりも若年初産による胎児死亡，新生児死亡件数が多いことから，社会的ハイリスク妊産婦の若年化が問題視されている（厚生労働省 2019）。

また，無事に出産を経て子育て期へ移行しても，SNS で「保育園落ちた，日本死ね」と発信したことで社会的問題としてとりあげられた保育所待機児童の問題も大きな壁となっている。その背景には，共働き家庭が増え，それに伴い増加した保育園の申し込み者数に対し受け皿が不足していることがあげられる。現在，全国の市区町村のうち約７割において待機児童ゼロは実現されているが都市部ではいまだに多く，特に１－２歳児の待機児童数が全体の約９割（約１万人）に及んでいる（厚生労働省 2020a）。こうした状況に，保育所入所にむけた親の活動（通称「保活」）や，やむを得ない育児休暇制度の延長，利用料が高額な無認可保育所の利用など，都市部では本意ではない子育てを余儀なくされているのである。

さらに，子どもの成長とともに表面化するのが，発達障害等を含めた育児困難感による親の不安や苦悩である。最近の研究では「発達障害者支援センター」における知的障害のない発達障害に関する子どもの相談件数が2016年度に7.5万件を超え，10年前に比べ４倍以上の増加率となっていること，また発達障害が疑われる子どもの養育者は，標準的な発達の子どもや知的障害のある子どもの母親よりも育児不安，育児ストレス，抑うつが強く，育てにくさを感じていることが報告されている（伊藤・小林 2018）。

妊娠・出産・子育て期をめぐる福祉的ニーズ

社会的ハイリスク妊産婦などの虐待リスクの高い親子への早期発見と継続的支援は最も必要となる支援になる。しかし，妊娠・出産を前に多くの女性は家族や友人にも相談できず，一人孤独のなかで葛藤を抱え悩んでいる。専門機関に相談しようと行動を起こせる人もいるだろうが，多くの女性がどこへ相談に行けばよいかもわからず時間ばかりが流れていく経験をしている。

同じように，発達面における育児不安や葛藤を抱える親子へも早期発見と適切な療育支援につなげることが必要である。インターネットの普及により子どもの成長や子育てをめぐる情報が簡単に手に入るようになったことで，知らず知らずのうちに他者と比較し，過剰な不安を抱きやすい時期でもある。また発達特性による育てにくさから虐待が発生する可能性もある。保健・福祉・医療の連携・協働による早期発見と継続的支援が求められている。

待機児童解消に向けては多様な受け皿として保育施設を増やす一方で，その担い手である保育士の待遇改善が必要となる。また，子どもを保育所へという選択肢だけではなく，仕事場でも働きながら子育てができるといった新たな選択肢も作っていく必要もある。妊娠・出産・子育て期は，経済的不安や社会的孤立，子育て環境の未整備，選択肢の少なさなどが問題の背景にある一方，誰もが初めてする経験だからこそ，妊娠，出産，子育て期における切れ目のない継続的かつ専門的な支援が求められている。

妊娠・出産・子育て期をめぐる支援策と課題

こうしたニーズに対する切れ目のない支援に向け，2000年に「子育て世代包括支援センター」が創設された。これまでの母子保健サービスと子育て支援サービスを一体的に提供するため，保健師・助産師・看護師・ソーシャルワーカー等の専門職が情報提供や支援プランの策定など連携しながら包括的な支援を展開している。また，予期せぬ妊娠をはじめとするさまざまな妊娠中の相談先としては「女性健康センター事業」等に相談窓口が設置された。ここでは，支援が必要な妊婦に対し，出産後，母子生活支援施設や，希望者へは児童相談所と連携し特別養子縁組による支援，乳児院，里親制度といった社会的養護につなげていく支援が行われている。

また，2021年４月より「妊娠・出産包括支援事業」が実施されている。母親・父親学級や妊婦・産婦・乳幼児健診，予防接種に加え，妊産婦の抱える家事以外の妊娠・出産・子育てに関する悩みに対応する産前・産後サポート事業並びに産後ケア事業に取り組むものである。さらに，「養育支援訪問事業」では，「乳児家庭全戸訪問事業」で把握した支援が特に必要な児童や保護者，特定妊婦に対し，養育が適切に行われるよう家庭訪問し，専門的相談支援や育児・家事援助を行っている。こうしたアウトリーチによる支援は，虐待リスクの高い親子の把握，発生予防，早期発見，早期対応に向け期待されている。

一方，待機児童問題へは，2013年より保育所等整備を方針とする「待機児童解消加速化プラン」や「子育て安心プラン」が推し進められ，2015年「子ども・子育て支援制度」が新設された。問題となっていた低年齢児の保育量確保

図表7-1　妊娠・出産・産後・新生児

妊娠期
出産
産後
子育て期（新生児期）
妊娠・出産包括支援事業
産前・産後サポート事業
産後ケア事業
通常保
健診事業
妊婦健診
産婦健診
妊婦健診
3
母親父親学級
乳児家庭全戸訪問事業
予防接種
養育支援訪問事業
産前産後母子支援事業
相談窓口
居住支援・生活支援・就業支援等
相談窓口
産科医療機関と連携
乳児院
こども医療費助

出典：厚生労働省（2019）（追加資料）を参考に筆者作成。

にむけた「地域型保育」や「認定こども園」を創設するなど多様な受け皿が整備された。また児童虐待問題へは，児童福祉司，児童心理司などの専門職員を増員し，虐待リスクの高くなる転居時における児童相談所間の連携や児童相談所と警察間の情報共有等が一層強化されることなった。同時に「地域子育て拠点支援事業」の充実も図られ，地域で虐待防止をはじめとする子育てをめぐるさまざまな問題に対応できるような体制が整えられている。

子どもの発達や発育支援としては，ライフステージに応じた切れ目の無い支援（縦の連携）と保健，医療，福祉，保育，教育，就労支援等とも連携した地域支援体制の確立（横の連携）という「縦横連携」によるライフステージごとの個別支援が重視されている。特に発達に関しては，乳幼児健康診査（1歳6か月児・3歳児）の後，必要な児童へは児童発達支援センターの紹介や親子教室といったフォロー体制がとられている。また，子育て機関や教育機関への巡回，派遣型事業の多くも，早期発見，早期対応，フォローアップ等にむけ助言，指導を行うなど地域の関係機関との連携による包括的な支援が展開されている

期・乳児期・幼児期の子育て支援

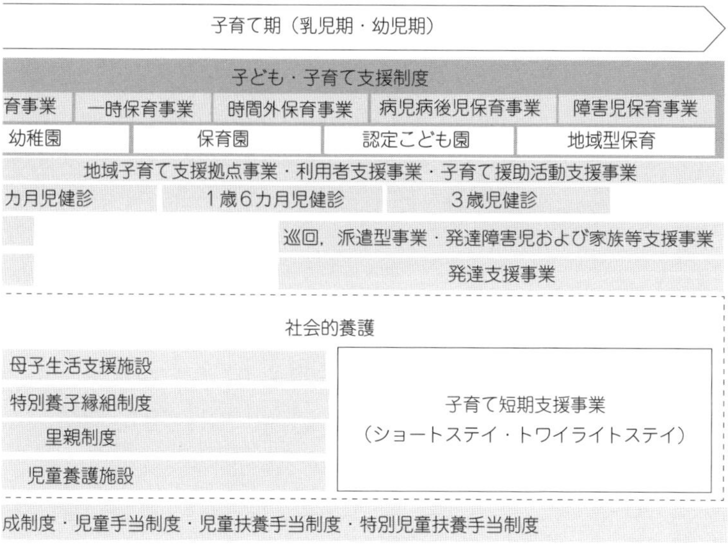

子育て期（乳児期・幼児期）

子ども・子育て支援制度

育事業 | 一時保育事業 | 時間外保育事業 | 病児病後児保育事業 | 障害児保育事業

幼稚園 | 保育園 | 認定こども園 | 地域型保育

地域子育て支援拠点事業・利用者支援事業・子育て援助活動支援事業

カ月児健診 | 1歳6カ月児健診 | 3歳児健診

巡回，派遣型事業・発達障害児および家族等支援事業

発達支援事業

社会的養護

母子生活支援施設

特別養子縁組制度

里親制度

児童養護施設

子育て短期支援事業
（ショートステイ・トワイライトステイ）

成制度・児童手当制度・児童扶養手当制度・特別児童扶養手当制度

（図表7-1参照）。

妊娠・出産・子育て期における共通の課題としては，マンパワーの質の向上と量の確保があげられる。保育士は，常勤における離職率が全体の約1割で，保育士登録者数全体の3分の2にあたる95万人が社会福祉施設等で従事していない（厚生労働省 2020b）。児童相談所の虐待対応職員も相対的に経験年数の長い職員が少なく，児童福祉司の人員配置が難しい状況にある（川松 2020）。福祉業界に限らず人材不足・人材育成は課題となっているが，働く環境の整備，職員配置基準等の条件整備と並行して今後，改善していかなければならない。

2 学齢期をめぐる福祉ニーズと支援策

学齢期をめぐる福祉的問題

学齢期では，保育所待機児童数が放課後クラブや学童保育所の待機児童数の問題へと移行し，放課後や週末，夏休み等の長期休暇中における居場所問題へと様相を変える。放課後児童クラブは，児童福祉法第６条の３第２項（放課後児童健全育成事業）を根拠法とした事業である。2011年，登録児童数約83万人，クラブ数約２万カ所，待機児童数7408人であった放課後児童クラブは，2019年には登録数約130万人，クラブ数約2.6万カ所と増設したにもかかわらず，待機児童数が１万8261人と２倍以上にも増えたのである（厚生労働省 2018）。いわゆる「小１の壁」である。共働き家庭は，仕事と家事に追われた保育園生活がやっと終わったと安堵する暇もなく，次は放課後の居場所について模索しなければならない。

また，幼少期では親の目が行き届いていた子どもとその友人との関係性は，学齢期になるとすべてを把握しづらくなる。SNS をふくめた学校におけるいじめ，暴言・暴力・非行等の問題行動，それらを理由にした不登校が問題として浮上する。小学校でのいじめ認知件数，暴力行為発生件数はともに増加し，小・中学校における不登校児童生徒数も６年連続で増え続けている。さらに，小・中・高等学校から報告のあった自殺した児童生徒数も横ばいから上昇に転じており，全体として増加傾向が続く状況にある（文部科学省 2019）。近年では「ＪＳ（小学生）・ＪＣ（中学生）・ＪＫ（高校生）ビジネス」「援助交際」「パパ活」といった性的逸脱による非行・問題行動も顕在化し，薬物依存や犯罪への入り口として大きな問題となっている。

さらに，新たな問題としてクローズアップされているのが，祖父母の在宅介護や幼いきょうだいのケア等を担うヤングケアラーの存在である。日本では明確な定義はないが「本来大人が担うと想定されている家事や家族の世話などを日常的に行っていることにより，子ども自身がやりたいことができないなど，子ども自身の権利が守られていないと思われる子ども」とされている（厚生労働省 2021）。全国の教育現場に対する初の実態調査では，公立中学２年生の5.7％（約17人に１人），公立の全日制高校２年生の4.1％（約24人に１人）が「世話をしている家族がいる」と回答し，１学級につき１～２人，全国に約10万人のヤングケアラーがいる可能性が明らかとなった（厚生労働省 2021）。１日何時間も介護や世話に時間を費やすことから子どもの健康，学業，進路にも影響があり，子どもへのネグレクトや心理的虐待に至ることもあるとして問題となっている。

学齢期をめぐる福祉的ニーズ

学齢期における居場所問題は幼児期と受け皿はかわるものの本質的なニーズは変わらない。新たに建物を建築しなくとも空き家や空きスペース活用したり，すでにある社会資源のなかに併設したり共有するなど，多様な子どもたちの居場所を増設していく必要がある。また，それと同時にその担い手である放課後児童支援員の待遇や条件をよりよくし，絶対数を増やすとともに質の向上が求められている。

そして，放課後の居場所だけでなく校内外における地域での見守りも欠かせない。それには教育・心理・福祉・警察等の専門職に限らず，同じ地域で生活を共にする地域住民も巻き込んでソーシャル・サポート・ネットワーク[1)]を構築していく必要があるだろう。決して関心の高い地域住民ばかりではない。どのようにネットワークを形成するかが大きな鍵となる。

そして昨今話題となっているヤングケアラーについては，各地域における早急な実態調査による現状把握につとめ，専門の支援機関やケアラー支援専門員をつくるなど，各自治体における公的な支援の窓口設置や教育的，心理的，社会的サポート体制の構築が必要である。

学齢期をめぐる支援策と課題

放課後児童クラブの対象は2012年に改正され，「小学校に就学しているおおむね10歳未満であって，その保護者が労働等により昼間家庭にいないもの」から「小学校に就学している児童であって，その保護者が労働等により昼間家庭にいないもの」に変更された。また「保護者の就労だけでなく，保護者の疾病や介護なども該当することを，地方自治体をはじめ関係者に周知する」ことが附帯決議された。「地域子ども・子育て支援事業」の一つに位置づけられ，それまで法的拘束力のなかった「放課後児童クラブガイドライン」が質的に向上し，資格取得研修やキャリアアップ研修の充実により専門性や定着性の低さといった放課後児童支援員の質・量不足への対策が講じられている。

また，いじめや非行をはじめとするさまざまな問題行動や不登校等の未然防止，早期発見，早期対応にむけ，教育・福祉・心理・警察等の専門職からなるサポートチームが結成され支援が展開されている。2008年度からは「スクールソーシャルワーカー活用事業」もスタートした。ソーシャルワーカーが学校生活のなかで問題を抱える児童生徒への支援者として，関係機関とのネットワークの構築にむけ環境への働きかけを主に行っている。大学でもキャンパスソーシャルワーカーとしてひきこもり等への問題に対し積極的に対応している。

ヤングケアラーへの対策としては，これまで民間支援団体等によって地道なサポートが行われてきた。一般社団法人日本ケアラー連盟では，わが国にはケアラーを支援する法制度がないことからケアラー支援法・ケアラー支援条例の制定が不可欠であると言及している。こうしたなか，ようやく2020年に全国初となる「埼玉県ケアラー支援条例」が制定され，また神戸市も「こども・若者ケアラーへの支援」として自治体では全国初となる専門窓口を設置した。ヤングケアラー経験者からのオンラインによるピアカウンセリング等も実施されている（図表7－2参照）。

このような支援策が講じられるなかで課題もある。まず放課後の居場所について，親の就労にあわせた量的拡充に終始せず，児童館，プレーパーク，子ども食堂など子どもにとって必要な居場所をいくつも保障し，子どもの権利条約[2]の精神をふまえた新たな放課後ビジョンにむけた抜本的な改革が求められている（池本 2018）。また教育や保育といった特定の専門職だけではなく，さまざまな専門分野で形成された多職種チームで効率的かつきめ細やかに支援していく必要性も指摘されている（堀ほか 2020）。しかしながら，多職種チームをうまく機能させるには，情報共有の方法等チーム支援の阻害要因をクリアにしていくことが大きな課題である。ヤングケアラーの問題は，ようやく国が支援策をまとめたところであるが，ケアが必要な親へのサービス不足によって生じている問題であり，支援すべきは子どもではなく，親に対するものではないかといったヤングケアラー概念への批判的検討の必要性が示唆されている（上野 2022）。今後は，ヤングケアラーへのサポート体制だけでなく，親の在宅ケアサービスをより充実させる対策も同時に考えていく必要がある。

図表7－2　学童期・思春期・青年期前期の子育て支援

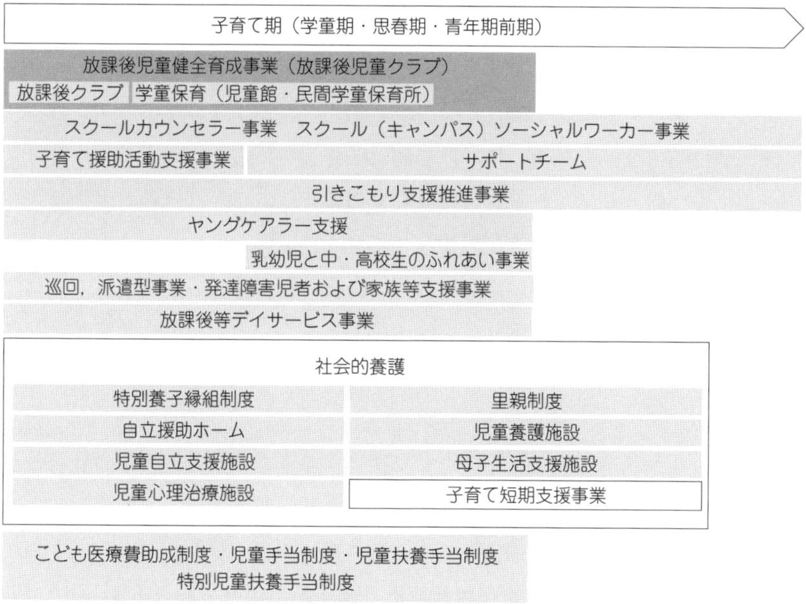

子育て期（学童期・思春期・青年期前期）

放課後児童健全育成事業（放課後児童クラブ）
放課後クラブ　学童保育（児童館・民間学童保育所）

スクールカウンセラー事業　スクール（キャンパス）ソーシャルワーカー事業

子育て援助活動支援事業　サポートチーム

引きこもり支援推進事業

ヤングケアラー支援

乳幼児と中・高校生のふれあい事業

巡回，派遣型事業・発達障害児者および家族等支援事業

放課後等デイサービス事業

社会的養護

特別養子縁組制度	里親制度
自立援助ホーム	児童養護施設
児童自立支援施設	母子生活支援施設
児童心理治療施設	子育て短期支援事業

こども医療費助成制度・児童手当制度・児童扶養手当制度
特別児童扶養手当制度

出典：厚生労働省ホームページより筆者作成。

3　成人期をめぐる福祉ニーズと支援策

成人期における福祉的問題

近年，社会経済環境の変化に伴い，成人期の稼働年齢層における自殺や生活保護受給が増加している。その背景には，子ども時代から継続される不登校からのひきこもりや離婚・未婚によるひとり親家庭の増加，大人になって気が付く発達障害とそれに伴う二次障害，配偶者からの暴力，育児と介護のダブルケア等から生じる就労継続困難，それに伴う生活困窮が指摘されている。また親の年金を成人した子が搾取する高齢者虐待も見過ごせない問題である。

内閣府によるとひきこもりは，「様々な要因の結果として，社会的参加（義務教育を含む就学，非常勤職員を含む就労，家庭外での交遊）を回避し，原則的には6か月以上にわたって概ね家庭にとどまり続けている状態（他者と交わらない形での外出をしていてもよい）を示す現象概念」と定義されている。満15歳から満39歳までに約54万人，満40歳から満64歳までに約61万人（内閣府2019）いると推定され，「不登校」「離職」「退職」が要因とされている。

また，ひきこもる未婚子50代と同居する80代の親が少ない年金で子を養い，生活困窮に陥る「8050問題」は，社会的に孤立しているため家族を含め自ら支援を求めない限り発見されず，心中自殺や孤独死，さらには高齢者虐待リスクとなっている。特に，老いた親の少ない年金を搾取する成人した子から親への経済的虐待も見過ごせない。高齢者虐待には身体的虐待，心理的虐待，介護放棄等ネグクレクト，経済的虐待，性的虐待があるが，とくに家族間で多いとされる経済的虐待をみてみると，生活困窮する実の息子からの搾取が最も多くなっている。

こうした生活困窮は何もひきこもりに関連するものばかりではない。ひとり親世帯，とくに母子家庭にも直面する問題である。日本の母子家庭は全体の約８割が就業しており，世界的にみてもかなり高い水準の就業率であるにもかかわらず，全体の約４割が非正規職員であり，平均年間就労収入も200万円と低い。また，養育費について取り決めをしないで離婚に至るケースが圧倒的に多いことから相対的貧困率の高さも問題視されている。そして子どもの高い教育費用の捻出に苦慮し，結果的に進学を断念し，低賃金労働で不安定な生活を余儀なくされるといった親から子への貧困の世代間連鎖があることも指摘されている。

さらに，こうした貧困問題は所得の中心が公的年金である高齢者にとっても切実な問題である。厚生年金受給者（会社員や公務員などの被用者）と基礎年金のみの国民年金受給者（自営業者や農林漁業従事者）では年金額にかなりの差が生じており，制度間における格差がそのまま経済的な高齢者間格差，いわゆる「老老格差」を生み出している。今後は現役時代の所得はこれまでのように上がらないことから，厚生年金受給者の低所得・低年金も見込まれるため，高齢者全体の貧困リスクが高まっているのである。こうした貧困問題は，高齢期の健康格差を招き，必要な医療や介護すら十分に利用できない高齢者層を生み出すほか，生活保護受給者数を押し上げる要因にもなっている。

成人期における福祉的ニーズ

ひきこもり問題は，不登校や就職活動の失敗，発達障害や病気等に起因する離職や退職が背景にある。そのため，切れ目のない教育から就労までの継続的支援，ネットワークの構築が何よりも求められる。ここに親の介護問題も生じてくると，介護や福祉までも包括した支援が必要となってくる。しかも，これら支援の多くは，支援者が家へ出向くアウトリーチ型の個別支援である。一人ひとりが抱える問題は全く違い，家族関係も多様にある。そのためには，さまざまな背景となる問題の本質を理解している質の高い専門職の絶対数を確保する必要性がある。

また，ひとり親支援の大きな問題である貧困の世代間連鎖を食い止めるためには，親への経済的支援，就労支援はもちろん，子への教育的支援は欠かせない。それは単に認知能力を高めることだけを目指したものではなく，人との関係性をもつ経験，さまざまなことにチャレンジする経験といったいわゆる非認知能力をも支援する機会を提供し，社会で自立して生きていく力を育まなければならない。

そして，高齢者の貧困問題に対しては，最後の砦といれる生活保護制度が存在するが，生活保護受給者を増やし続けることは税金を要すことから現実的ではない。老後の安心できる生活を保障するための所得保障政策の強化，すなわち公的年金制度の抜本的改革が求められている。また，閉じこもりや抑うつ状態，疾病・疾患による要介護状態にならないように「介護予防」のニーズも高まっている。

成人期における支援策と課題

まず取り上げたいのが「ひきこもり支援推進事業」である。これは，ひきこもり地域支援センター設置運営事業（2009年度～），ひきこもり支援に携わる人材の養成研修（2013年度～），ひきこもりサポート事業（2018年度～）の３つから成り立っており，特に，法律・医療・心理・就労等他職種による相談窓口である「ひきこもり地域支援センター」が大きな柱である。また，生活保護制度の前段階であるセーフティネット「生活困窮者自立支援法」に基づく自立

図表7－3　青年期後期・壮年期

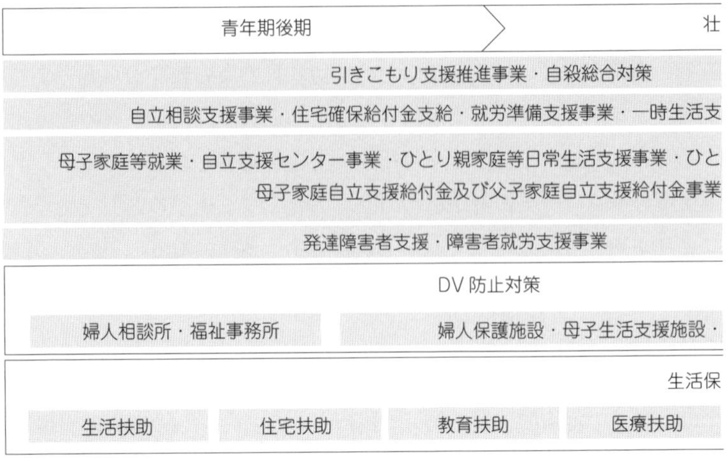

出典：筆者作成。

相談支援機関等でも相談受付が行われており，住居確保給付金の支給，任意事業として就労準備支援事業，一時生活支援事業及び家計相談支援事業等の実施，生活困窮家庭の子どもを対象とした学習支援事業等が実施されている。特に，子どもを対象にした学習支援事業は地域の大学生や有志らによる学習の場で，子どもたちが無料で受講できることから学校の補完的学びに加え，幅広い人間関係づくりに役立っている。

そして，ひとり親家庭へは生活再建に向けた自立支援策に加え，雇用促進にむけた自立支援施策も展開されている。たとえば，「ひとり親家庭等日常生活支援事業」では，修学等や病気など一時的に生活援助・保育サービスが必要な場合，生活環境等の激変により日常生活を営むことが難しくなっているときに，家庭生活支援員より保育，児童の生活指導，食事準備や掃除，買い物等さまざまな支援を受けることができる。また，「母子家庭等就業・自立支援センター事業」では，母子家庭の母等に対して就業相談から就業支援講習会の実施，就業情報の提供や養育費の取り決めなどの支援が行われている。

高齢者虐待への支援では，市町村で取り組まれている地域支援事業として虐待の防止，虐待の早期発見等に関する事業がある。委託業務として地域包括支

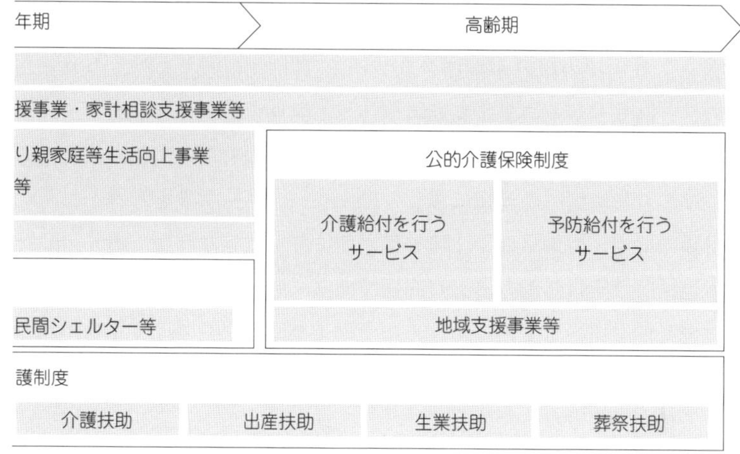

援センターで実施されることが多く，保健師・社会福祉士・主任介護支援専門員等で形成された多職種チームで取り組まれている。また虐待予防については，自治体，介護保険サービス事業者間，医療機関などの関係専門機関間での連携を通じた高齢者虐待防止ネットワークが構築されている（図表7－3参照）。

さらに，高齢者の貧困対策としては公的年金制度における① 任意加入制度，② 付加年金，③ 老齢基礎年金の繰り下げ受給，④ 60歳以降も厚生年金に加入する方法といった金受給額を増やす既存の制度活用が提案されている（前田 2018）。抜本的に公的年金制度が改革されるまでは，個人で賢く制度を活用するほか，介護予防に取り組み，健康寿命を高め，生涯現役で働くことが貧困対策にもなるといえる。紙面の都合で詳細には触れられないため『検証「健康格差社会」介護予防に向けた社会疫学的大規模調査』（近藤 2007）などの参考文献を参照されたい。

では，こうした成人期における福祉的問題に対し，どのような課題があるのだろうか。ひきこもり支援では，支援者と当事者との接触や信頼関係の構築といった最初の関係づくりに至らないケースも少なくない。それは当事者がそもそもひきこもっていること自体を問題と感じていなかったり，家族が支援に消極的であったりと複雑多様な家族の状況があるためである。こうした状況になると支援は長期化し解決困難になるため，支援の継続性が担保されないなど，今日の引きこもり支援の限界が指摘されている（川北 2019）。またこの引きこもり支援の行き詰まりがそのまま高齢者虐待へと発展するケースもあり，縦割り行政の現状から子と親の両面に対するアプローチそのものが困難な状況にある。一方，ひとり親家庭への支援に関しては，ジェンダー意識を背景とした女性である母親の雇用・労働条件や環境整備が何よりも大きな課題であり，分野横断による包括的な支援体制の構築が課題である。そして，こうした現役時代の雇用・労働条件や環境，生活のあり方はそのまま高齢期における年金格差，貧困リスクを生むため，公的年金制度の改革とともにそれまでに徹底した年金教育を行うことが必要となるだろう。

学習課題

あなたがこれまでに利用した経験のある社会福祉の制度やサービスにはどのようなものがありましたか。また，今後，人生を生きていくなかで利用するかもしれないと思う社会福祉の制度やサービスは何ですか。ライフステージに沿って考えてみよう。

スタディガイド

① 大田なぎさ（2015）『スクールソーシャルワークの現場から――こどもの貧困に立ち向かう』本の泉社。

⇨スクールソーシャルワーカーとして活動する著者が現場で出会ったさまざまな家庭環境をもつ子どもたちの事例を通して経済的貧困をはじめ，人間関係の貧困，教育機会の貧困，心の貧困といった非人間的状況の解決にむけ取り組む姿が分かりやすく書かれています。

② 臼井美伸（2020）『「大人の引きこもり」みえない息子と暮らした母親たち』育鵬社。

⇨第１章では学齢期から成人期まで続くこととなった引きこもりのきっかけや引きこもりがもたらす問題，その解決への糸口について８人の母親の声が記録されています。第２章では親や支援団体ができることについて書いてあり，社会問題となっている引きこもり支援について理解を深めることができます。

③ NHK 地方発ドキュメンタリー『彼女たちの出産～ある母子寮の日々』 YouTube

⇨NPOの母子寮へくることになった予期せぬ妊娠をした女性たちを取材したドキュメンタリー番組。若年層にひろがる予期せぬ妊娠をした女性のリアルと産まれてくる子どもへのセーフティネットを垣間見ながら，妊娠・出産・乳児期における社会福祉の問題について考えるきっかけになる作品です。

注

1）ソーシャル・サポート・ネットワークとは，個人を中心に，家族，親族，友人，近隣住民などインフォーマルな社会資源と専門職によるフォーマルな社会資源を含んだ支援体制のこと。

2）子どもの権利条約とは，1989年国債連合が採択した「児童の権利に関する条約」のことで，「生きる権利」「育つ権利」「守られる権利」「参加する権利」といったすべての子どもたちがもっている権利（基本的人権）について定めた条約である。日本は1994年に批准した後，川崎市や札幌市，青森市等各地で市独自の「条例」が制定・施行されている。

引用・参考文献

池本美香（2018）「新制度移行後の放課後児童健全育成事業の実態と課題――海外の動向をふまえた考察」『社会保障研究』3(2)：241-255.

伊藤由香・小林恵子（2018）「子どもの発達障害の特性を指摘された母親の子育てにおける体験――発達障害の特性を指摘されてから専門機関の継続的な支援を受けるまで」『日本地域看護学会誌』21(2)：22-23.

上野加代子（2022）『虐待リスク――構築される子育て標準家族』生活書院.

川北稔（2019）「ひきこもり状態にある人の高年齢化と『8050問題』生活困窮者相談窓口の調査結果から」『愛知教育大学研究報告』125-133.

川松亮（2020）「児童相談所における子ども虐待対応の現状と課題」『住民と自治』自治体研究社，2020年４月号：6-11.

厚生労働省（2018）「平成30年（2018年）放課後児童健全育成事業（放課後児童クラブ）の実施状況」2018年５月，４.

厚生労働省（2019）第２回妊産婦に対する保健・医療体制の在り方に関する検討会「妊産婦にかかる保健・医療の現状と関連施策」平成31年２月15日.

厚生労働省（2020a）「保育所等関連状況取りまとめ（令和２年４月１日）」全体版，３.

厚生労働省（2020b）「保育士の現状と主な取り組み（令和２年8月24日）」参考資料１，22-23.

厚生労働省（2021）令和２年度子ども・子育て支援推進調査研究事業「ヤングケアラーの実態に関する調査研究について」三菱東京 UFJ リサーチ＆コンサルティング株式会社，1-24.

近藤克則編（2007）『検証「健康格差社会」介護予防に向けた社会疫学的大規模調査』医学書院.

内閣府「長期化する引きこもりの実態」『令和元年版子供・若者白書』.

堀美鈴・関谷みのぶ（2020）「放課後児童クラブにおけるチーム支援の質の向上に関する研究」『名古屋経済大学　教育保育研究紀要』6：37-48.

前田悦子（2018）「高齢者の所得格差と貧困問題」『駿河台経済論集』27(2)：151-173.

文部科学省（2019）「平成30年度　児童生徒の問題行動・不登校等生徒指導上の諸課題に関する調査結果の概要」1-9.

（小榮住まゆ子）

第8章
栄養学とライフスタイル

あなたの身体は，食事で取り入れた栄養素で作られている。今日あなたが選択して口に入れたものがあなた自身である。一度きりの人生を充実したものにしたいのであれば，健康な身体であることは最優先の課題である。本章では，食事によって健康的な身体を作るための知識について，誕生から高齢期まで各ステージに分けてまとめている。今，本章を読んでいるあなたが何歳であっても，未来に向けて，今一度，食べることと生きることについて考えて欲しい。多忙な日々のなかで食事に気を配ることは，容易なことではないかもしれない。しかし，どうかその時間を惜しまないでほしい。丁寧な食事をすることは丁寧に生きることと別のことではないからである。

1 栄養学とは

食べることと生きること

私たちは，生きるために食べる。「生きるため」とは，１つには「生命を維持するため」であり，もう１つには「より良い人生を送るため」である。この２つは，別のことではない。より良い人生を送るには，自らの生命，すなわち身体を健全に保つことに努めなければならない。人は，食物から栄養素を摂り入れ，エネルギーに変えて，老廃物を排泄する。この消化，吸収，代謝，排泄によって，生命を維持している。

栄養学とは，これら，栄養素が体に吸収される仕組みや，吸収された栄養素が体にもたらす作用について研究する学問である。同時に，人がより良い人生を送るために不可欠な知見の集合体でもある。

栄養学の歴史と現在

日本における栄養学の研究は，現国立栄養研究所初代所長の佐伯矩（1876-1959年）が西洋で発展した栄養学を紹介することで始まった。当時の日本人の栄養状態は，第二次世界大戦前後の飢えにより多数の餓死者が出る状態であった。これを打開するため，栄養学はこの状況に対し栄養介入を実施し，日本国民の栄養状態を改善することに成功した。さらには，日本人の体格の伸長にも大きく寄与することができた。

私たちが生きる現在は，いつでもどこでも食品を購入することができる飽食の時代となった。これは，私たちに最適な食生活（食事回数，食事時間，内容，量）を送るための知識と自己管理能力が必要となったことを意味する。栄養学は現在，それに応えることが求められている。

ライフスタイルと栄養学

本書のテーマでもある「ライフスタイル」とは，いわば，仕事，家庭，趣味，地域活動などの場において，主体的に活動していくことである。自分の理想とするライフスタイルを実現するためには，存分に活動できる，すなわち身体が健康であることが大前提である。

栄養学を学ぶ意味はそこにある。栄養学の知識を基盤に，何を食べるのか，どう食べるのか，あるいは，何を食べないか，を実践する，すなわち「選択する」ことこそが，自らのライフスタイルを「選択する」ことになるだろう。

栄養学を学び，栄養バランスの整った食事を摂ろう。そして，適度な運動，十分な休養をとって，健康な身体を手に入れよう。そして自らのライフスタイルを主体的かつ選択的に実現していこう。これが栄養学からの提言である。

ライフステージと栄養

人間の身体は，誕生から死を迎えるまで，一様ではない。新生児は，成人の身体を単に小さくしたものではない。となれば，必要とされる栄養もまた，それぞれの年齢によって大きく異なる。求められる栄養素が異なってくる年齢の幅をライフステージとよぶなら，それぞれのライフステージに最適化した栄養の摂り方がある。

健康な身体に支えられ，それぞれのライフステージで生き生きと生活できるようにするために，その時期に適した食生活を考えていこう。

以上のことを念頭におき，本章「栄養学とライフスタイル」においては，各ライフステージ別に，身体の有り様と，食事面において留意すべき点ついて説明していこう。

5大栄養素

ライフステージの栄養を最適化させるためには，まず栄養学の基礎である「5大栄養素」を知る必要がある。5大栄養素とは，炭水化物，脂質，たんぱく質，ビタミン，ミネラルの5つの栄養素であり，それぞれの役割と食物例は，以下の通りである（図表8-1）。

図表8-1　栄養素とその役割

栄養素	役割	食物例
炭水化物	体を動かすエネルギーになる	めし，パン，麺など
たんぱく質	筋肉や血液を作る材料。炭水化物が不足すると，エネルギーにもなる	魚，肉，卵，大豆，牛乳など
脂質	ホルモンや細胞膜などを作る材料。炭水化物が不足すると，エネルギーにもなる	油脂類
ビタミン	体の機能を正常に保つ材料になる	果物，野菜など
ミネラル	体の調子を整える材料になる	野菜，海藻，乳製品など

注：ビタミンには，脂溶性ビタミン（A，D，E，K）と水溶性ビタミン（B1，B2，B6，B12，ナイアシン，パントテン酸，ビオチン，葉酸，C）などがある。
ミネラルには，多量ミネラル（ナトリウム，カリウム，カルシウム，マグネシウム，リン）や微量ミネラル（鉄，亜鉛，銅，マンガン，ヨウ素，セレン，クロム，モリブデン）などがある。
出典：筆者作成。

5大栄養素は人体に重要な栄養素であるが，その摂取量が過剰，あるいは不足しても身体に悪影響が出る。さらには，それぞれのライフステージによって，意識して摂取する必要のある栄養素が異なってくることに留意しなければならない。

栄養バランスの良い食事を食べることは，この5大栄養素を充足することで

図表8－2　各ライフステージにおいて積極的に摂取したい栄養素

栄養素	炭水化物	たんぱく質	脂質	ビタミン(3)	ミネラル(4)	エネルギー量(5)
成長期	●(1)	●	●	○	●カルシウム ●鉄	●
成年期	○(2)	○	○	○	○	○
妊娠期	○	○	○	●葉酸	●カルシウム ●鉄	●
更年期	○	○	○	●ビタミンD，K，B6，B12 ●葉酸	●カルシウム	○
高齢期	○	●	○	●ビタミンB6	●カルシウム	●

(1) ●は，各ライフステージにおいて積極的に摂取したい栄養素であることを示す。
(2) ○は，身体を健やかに保つために必要な量を摂取するという意味を示す。
(3) ビタミンには，脂溶性ビタミン（A，D，E，K）と水溶性ビタミン（B1，B2，B6，B12，ナイアシン，パントテン酸，ビオチン，葉酸，C）などがある。
(4) ミネラルには，多量ミネラル（ナトリウム，カリウム，カルシウム，マグネシウム，リン）や微量ミネラル（鉄，亜鉛，銅，マンガン，ヨウ素，セレン，クロム，モリブデン）などがある。
(5) エネルギー量とは，炭水化物＋たんぱく質＋脂質の各エネルギー量の合計のことである。
出典：筆者作成。

ある。たとえば，主食（めし・パン・麺など）から炭水化物を，主菜（魚・肉・卵・大豆・大豆製品を主材料とする料理）からたんぱく質や脂質を，副菜（野菜・いも・海藻・きのこなどを主材料とする料理）からビタミン，ミネラルを摂取することができる。

私たちは，それぞれのライフステージにおいて，これらの栄養素がどのように必要なのか。私たちのライフステージを，成長期，成年期，妊娠出産期，更年期，高齢期，の5つに区分けして考えていこう。

すべてのライフステージにおける栄養素については，図表8－2を参照されたい。

2　成長期――一生を支える身体を作るために

誕生から1歳までは，身体発育が一生のなかでもっとも盛んになる。2歳以降になると発育はやや緩やかとなる。6～12歳には，第二次発育急進期が訪れ，再び身体の発育が盛んとなる。この時期，女子は，乳房の発達，子宮や卵巣の重量増大，皮下脂肪の増加，など生殖器系が発育する。また，12歳程度で月経が生じる。男子は睾丸の発達や声変りなどが起こる。

そのため，この時期には，他のライフステージよりもエネルギーとなる「炭水化物・たんぱく質・脂質」の追加が必要となる。同時に，身長の伸び，筋肉が増えるため身体を作る材料となる「たんぱく質」が必要となる。さらには，骨の形成に必要な「カルシウム」や女子は月経の開始により「鉄」がより多く必要となる。したがって，炭水化物，たんぱく質，カルシウムおよび鉄の積極的な摂取が求められる。炭水化物，たんぱく質，カルシウムおよび鉄の含有量が高い食材は後掲図表８-３に示すものである。

成長期にはより多くの栄養素を積極的に摂取したいが，食事の際に注意しておきたい点がある。食生活においては，まず以下の３点に留意したい。

① 薄　味

生後９か月から１歳にかけての乳児期は，味覚が形成される時期であるため，離乳食開始時には調味は不要とし，濃い味を覚えないようにする。乳幼児期は，生涯にわたる食生活の基礎を決定づける時期である。

② 食事リズム

１～４歳の乳幼児期は，食に興味をもち始めるため，規則正しい食事時間とバランスの良い食事を通して生活リズムを整えていく。

また，精神面での発達が顕著となる時期でもあるため，食事は美味しいものである，楽しいものである，といった認識を幼児に与えることも肝要である。

③ 食の自己管理能力

６歳からの学童・思春期には，自我が形成され，自分を律する意識も生まれてくる。さらに，思春期には容姿，体型への関心が高くなるため，痩せの発生も起こる。反対に，食生活の乱れによる肥満や朝食欠食なども発生する。そのため，望ましい食生活を送るための自己管理能力を身につけさせることが重要である。この時期に自己管理能力を得ることは，健全な心身の発育とともに，将来的な生活習慣病の予防にも繋がる。食欲に任せた食生活を送ると，以下のような健康上の障害あるいは疾病を招く恐れがある。

痩　せ

学齢期思春期には，男女ともに痩せである者の出現率が高くなる。痩せが悪化した場合には，摂食障害（神経性食欲不振やむちゃぐい）につながる。とくに，神経性食欲不振は，痩せ，貧血，女性では無月経などの身体的不調をきたす。成長期に栄養が不足すれば，現時点での本人の成長への悪影響はもちろんのこと，女性においては生殖器が発達する時期でもあるため，将来妊娠しにくいというリスクが高まる。また，骨の形成時期でもあるため骨粗鬆症発症のリスクも高まる。

対策としては，１日３回栄養バランスの良い食事を適量食べる，適度な運動をする，生活リズムを整えることが求められる。

肥　満

肥満者も増加する。学童期の肥満は成人期の肥満へと移行しやすい。すでに，一部の肥満児のなかには，２型糖尿病，高血圧，脂質異常症を合併している者もいる。対策としては，栄養バランスの良い食事をとり，たんぱく質も年齢に応じた量を摂取する。また，高脂肪食や高カロリーの清涼飲料水は避け，間食は量を減らすなどに留意しなければならない。

朝食欠食

朝食を欠食する者が増えてくる。朝食欠食は疾病ではないが，疾病を招く要因となる。欠食理由としては，塾通いなどで夜型生活となり，夜食を食べることで朝食が食べられない，食欲がないなどが理由として挙げられている。しかし，朝ごはんには脳のエネルギー源となるブドウ糖が含まれているため，集中力の維持，体温の上昇，生活リズムを整えるなどの効果があり重要である。実際に，朝ごはんを食べている者は食べてないものよりも身体能力や知能が良い成績であることが報告されている。対策としては，夕食の時間を早める，早寝早起きをする，保護者が欠食している場合には保護者も含め家庭内で取り組むなどが考えられる。

3 成年期――充実した生活，社会的活躍のために

成人期に該当するのは，思春期から29歳以下までの青年期，30歳から49歳までの壮年期，50～64歳までの中年期となる。

この時期は，精神的にも社会的にも自立し，就労，結婚，出産などの生活の転機を迎える。30歳から49歳までの壮年期は，社会において働き盛りとなり，家庭においては育児が発生する。社会でも家庭でも中心的な役割を担う存在となる。50～64歳までの中年期は，心身の衰えがある一方で，知識，知恵，理解力などのこれまで培われた基礎があり，社会的にも中心的な存在となる。それに伴い，仕事の責任やストレスが強い時期である。そして，60歳前後からは，定年退職，こどもの独立，親の介護などが発生する。

身体的には，思春期から29歳以下までの青年期は，性の成熟が完成し身体の成長は停止するが，この時期の健康状態は，30歳以降の健康にも影響に及ぼし，寿命にもかかわってくるため，適切な食習慣を守るよう努める必要がある。30～49歳（壮年期）は，体の組織や臓器が多少衰退の時期に入るが，30代にはその自覚がない。しかし，40代に入ると，体力低下や疲労感を自覚するようになり，気持ちと体力とのバランスが崩れる場合が出てくる。50～64歳（初老期）は，身体の適応力や機能が低下する。長年の不適切な生活習慣が要因となって，生活習慣病の発症が生じる。

精神的社会的充実期である成年期は，身体の転換期でもある。以下のようなリスクに備え，栄養を摂取したい。

成年期は，成長期のように発育のための栄養量を追加する必要はない。健やかな体で充実した日々が送れるように，自身に必要な栄養量をバランス良く摂取し過剰にならないように注意する。成年期に正しい食生活を心がけることは，将来の自分を守ることである。忙しいことを理由に食生活を蔑ろにすることはできない，ということを十分理解して生きることが重要である。

生活習慣病（糖尿病，脂質異常症，高血圧）

成人期は，働きざかりを迎え外食や飲酒の機会が増える。外食では，エネルギー，脂質，塩分の摂取量が過剰になりやすく，また，野菜が不足するため食物繊維やビタミン，ミネラルの不足が起こりやすい。これらすべては，生活習慣病発症のリスクとなる。さらに，夜遅くの食事，朝食欠食，運動不足も，生活習慣病発症リスクとなる。

糖尿病とは，血液中の糖の濃度が長期間高い状態が続くことにより，血管に障害が起きる病である。失明，足の切断，血液透析などに至る危険がある。予防としては，おにぎりだけ，パンだけ，麺だけなど，炭水化物のみの食事でお腹を満たすのではなく，おにぎり（主食）におかず（主菜）と野菜の小鉢（副菜）を付け加えることが効果的である。毎食，主食，主菜，副菜を揃えることで，糖質のみの食事から５代栄養素がバランスよく整った食事に近づけることができる。これは，糖尿病の予防はもちろんのこと健康的な体を維持するためにも役立つ食事である。

脂質異常症は，血液中に流れる脂質の量が，体が必要とする量以上に増加した状態である。脳梗塞，虚血性心疾患などの危険がある。予防としては，肉の脂身やバター，牛脂など常温で固形である油を控えめにし，魚の油，えごま油やしそ油などの常温でも液体である n-3 系脂肪酸を使用すると良い。n-3 系脂肪酸は，脂質異常症の予防や改善に役立つ。

高血圧は，血管を流れる血液が，通常よりも血管壁を押す力が強い状態であり血管壁に負荷をかけている状態である。脳梗塞，虚血性心疾患などの危険がある。予防としては，ナトリウム（食塩）を取りすぎないようにし，ナトリウム排泄作用があるカリウムの摂取量を増やすことが重要である。たとえば，加工品（ハム・かまぼこなど），塩蔵品（干ものなど）などには食塩が多く含まれるため，加工品ではなく生の状態の肉や魚など食材そのものを選択する。また，野菜からカリウムを摂るなどである。たとえば，めし，漬物，干物，味噌汁という献立であれば，めし，焼きのり，焼き魚レモン添え，野菜たっぷり味噌汁に変更すると減塩となる。

外食・中食時の対策

成年期は，外食や中食が増える。外食は，エネルギー，脂質，塩分過剰，食物繊維の不足などのリスクがある。

中食とは，お店でお惣菜を買ってきて，家や職場で食べることであり，忙しい社会人にとっては手軽で便利であるが，外食同様にエネルギー，脂質，塩分の過剰，食物繊維不足などのリスクがある。

外食の際には，エネルギー過剰になるのを避けるため，メニューを選択する際にはエネルギー量を見る習慣をつける。メニューにエネルギー量が記載されているお店も増えてきたため，エネルギー量が記載されているお店をいくつか探しておくのもよい。

また，食事バランスを整えるために，選択するメニューは，どんぶりものなどの単品よりも和食の定食を選ぶ，もしくはどんぶりものなどの単品に副菜として野菜の小鉢をつける。また，カップラーメンやうどんの汁は飲み干さず残す。汁を残すだけでも，塩分量を半分弱まで落とすことができる。

中食として，お惣菜やインスタント食品を買う際には，エネルギー過剰になるのを避けるため栄養成分表示[1)]を確認する習慣をつける。また，菓子パンなどの単品ではなく，低カロリーの幕ノ内弁当にサラダやヨーグルト等を合わせる。

ストレスによる食欲不振や食欲増加

責任世代である成人期はストレスが多い。ストレスには，物理的ストレス（騒音など），生物学的ストレス（感染，過酷労働，睡眠不足など），心理・社会的ストレス（人間関係，不安，緊張，怒りなど）などさまざまなものがある。

ストレスがかかると，下垂体前葉からは副腎皮質ホルモンが，交感神経からはアドレナリンが分泌される。ストレスが長期的にかかり，これらのホルモンが過剰分泌された場合には，恒常性の破たん，高血圧，糖尿病，胃・十二指腸潰瘍，免疫低下，食欲不振などの発症因子や増悪因子となる。またストレスによる暴食にもつながる。バランスのとれた食事，適度な運動，十分な睡眠・休養を心掛けて，ストレスの軽減に努めつつ，ストレスを軽減させる栄養素の摂取にも留意したい。

ストレス下では，エネルギー消費量が増加するため，炭水化物と炭水化物の代謝に必要なビタミンB群（B1，B2，B6，ナイアシン），またたんぱく質を摂る。

ビタミンE，カロテノイドはストレスにより体内発生した活性酸素を除去する作用がある。また，ビタミンCはストレスに対応する役割をもつホルモンの合成材料として必須である。さらに，ストレス下では，カルシウム・マグネシウムが尿中へ排泄されてしまうので，補う必要がある。

4 妊娠・出産期――新しい命を育てるために

成年期の女性には，大きなライフイベントとして，妊娠・出産がある。新しい生命を育むにあたっては，母体とともに新しい生命の身体を健全に育成させることに細心の注意を払わなければならない。もちろん，それは，母体となる女性だけではなく，男性にも良きパートナーとして正しい知識と積極的な支援が求められる。

母体が，妊娠の成立，維持，分娩，授乳を行うためには，妊娠してから身体づくりをするのではなく，妊娠した際には，妊娠に備えた身体作りが完了していることが重要である。

たとえば，生殖器が発達する時期（学童思春期）に極端なダイエットを行うと不妊のリスクが高くなることが知られている。胎児が神経管閉鎖障害[2)] になることを予防するために妊娠前や妊娠初期には葉酸の摂取が求められる。

妊娠期間中は，母体の体重は，体内で元気な赤ちゃんを育て，無事分娩するために増加する。体重増加の内訳は，胎児・胎盤・羊水が主であるが，それ以外にも，脂肪，血液，組織，乳房の増加によるものである。

そのため，妊娠期は非妊娠期よりもエネルギー，鉄，カルシウムを多く摂る必要がある。

エネルギーは母体の維持のため，鉄は母体が貧血になるのを防ぐため，カルシウムは胎児の骨材料となるためである。

妊娠期間中は，妊娠の各時期に適した体重を維持しながら，分娩直前で下記の体重まで増加することが重要である。たとえば，非妊娠時の体型（Body Mass Index：BMI）が普通であった母体は，分娩直前では合計10～13kg の増加，となることが適切である。この体重増加量は，非妊娠期における BMI により異なる。

BMI の算出方法は以下の通りである。

BMI＝体重（kg）÷身長（m）÷身長（m）

妊娠期間中の体重増加が著しい場合，あるいは分娩前の体重の総増加量が多い場合には，母体の糖尿病や妊娠高血圧症候群となるリスクが高まる。また，胎児が巨大児（出生時の体重が基準よりも多い4000g 以上）となるリスクが高まる。巨大児は，分娩時における母体への負担が大きく危険である。

逆に，妊娠期間中の体重増加が著しく少ない場合，あるいは分娩前の体重の総増加量が著しく低い場合，母体の貧血や早産のリスクが高まる。また，新生児が低出生体重児（新生児の体重が基準よりも低い2500g 未満）となるリスクも高まる。

低出生体重児については，子どもが将来，生活習慣病になる可能性が高くなることがいわれている。これは妊娠期間のみならず，非妊娠時期に低栄養状態であった場合も同様である。

ダイエット・肥満

近年の日本においては，妊娠前に痩せ（BMI 18.5未満＝低栄養）である20代女性の割合は20％前後存在している。また，肥満（BMI 25.0以上）である20代女性の割合は９％前後存在している。妊娠前の体型は，次世代に影響を及ぼすため，妊娠前からの体型維持が重要である。

5　更年期——身体の変化に寄り添うために

更年期とは，閉経の前後５年間，計10年間を指す。閉経の平均年齢は約50歳であるため，具体的には45～55歳が更年期に該当することになるが，個人差が大きい。

職場や家庭での責任が大きい時期であると同時に，加齢による身体変化が発生する時期でもある。更年期はエストロゲンの分泌量が低下する。エストロゲンには，高血圧・脂質異常症の予防や，骨密度維持作用がある。そのため，エストロゲンの低下に伴い，高血圧・脂質異常症の発症や，骨密度低下リスク，骨粗鬆症の発症リスクが高まる。また，エストロゲンの低下に伴い更年期障害の出現もみられる。その他，基礎代謝の低下や運動不足などから，消費エネルギーよりも摂取エネルギーが過剰となる傾向があり，肥満になりやすい。

更年期と食生活

更年期症状が強い人は，食事の栄養バランスが悪く潜在的な栄養素欠乏状態に陥っている可能性が高い。逆に，食事の栄養バランスが良い人では，更年期症状が軽減される傾向にある。

更年期障害

エストロゲンの低下に伴い，「不定愁訴」（身体にあらわれるさまざまなつらい症状）が出現する。不定愁訴が重く日常生活に支障を来す状態を「更年期障害」という。不定愁訴の症状には，ほてり，のぼせ，めまい，動悸，頭痛，肩こり，腰や背中の痛み，気分の落ち込み，意欲の低下，イライラ，情緒不安定，不眠などを初めさまざまなものがある。更年期障害は，女性のみでなく，男性にも起こることが知られている。男性の場合には，男性ホルモン（テストステロン）の減少やストレスなどが原因となっている。

不定愁訴

約50～80％の女性が，更年期に不定愁訴を訴えるといわれている。更年期を迎える前までの食事が更年期障害の強さに影響する可能性があり，幼少期からの正しい食生活が重要である。また，更年期からでも食事を見直すことで不定愁訴を抑えることができる。

不定愁訴を予防あるいは抑えるために，これまでの自身の平均的な食事内容を振り返り，不足傾向の栄養素は補い，過剰傾向の栄養素は控えるようにする。食事は，主食，主菜，副菜をそろえた食事とすることで，５大栄養素をバランス良く摂取できる。さらに，主菜としてのたんぱく質では，カルシウムの多い魚，肉，卵，大豆，大豆製品，牛乳，乳製品などを偏りなく摂取することが重要である。また，不定愁訴が辛く食事の支度が出来ない場合には，宅配，冷凍食品，缶詰，販売されているお惣菜などを利用するのも良い。その際のメニュー選びはここに記載した更年期積極的に取りたい栄養が含まれる食材を選ぶと効果的である。各栄養素が含まれる食材は後掲図表８－３に示す。

脂質異常症と骨粗鬆症

閉経によってリスクが高まる脂質異常症を予防するため，使用する油はn-3系の油を使用する（詳細については，成年期（p. 137）の生活習慣症（p. 138）の脂質異常症を参照)。

骨粗鬆症とは，骨の密度が低下し，骨の内部がスポンジのようにスカスカな状態になった疾病である。更年期に発症することが多く，骨折によって寝たきりになってしまう危険がある。

エストロゲンの低下や成長期，成人期の若年期の痩身・偏食などによるカルシウム不足が大きな要因である。現状維持および悪化予防として，骨の構成成分であるカルシウム，たんぱく質（コラーゲン）を摂取する。またカルシウムが骨へ吸着するのを促進するビタミンＤおよびビタミンＫや，たんぱく質の代謝に寄与するビタミンB6，B12，葉酸を摂取する。

6 高齢期――いつまでも健やかであるために

高齢期とは，前期65～74歳，後期75歳以上の時期である。高齢期は，成人期と比較すると身体機能の低下や基礎代謝量の低下が起こり低栄養となる。低栄養により免疫が低下すると，感染症に罹患しやすくなったり，基礎疾患が悪化したり，寝たきりになったりとQOL（quolity of life：生活の質）の低下が起きる。残り60年以上にもなる人生のキャリアを充実したものにするためには，特に後期高齢者においては低栄養状態になる第一歩を食い止めるための対策が重要となってくる。

加齢により，生理的変化（咀嚼能力低下，唾液分泌低下，消化吸収機能の低下）や味覚の変化（甘味・酸味・塩味・苦味の閾値が低下する），臭覚の低下，筋肉の萎縮をなどが起こる。

また，精神的要因（ストレスやうつ），社会的要因（一人暮らしで食べるのが面倒などになる，経済的に厳しい）により，食事を十分量摂取することができなくなってしまう。このような状況から，高齢者のリスクとしては，「フレイル（虚弱）」と「低栄養」がある。

高齢期は，加齢による生理的変化から食事量の低下が起きる。また，消化がよくあっさりしたものを好み，たとえば麺類のみを食べる等ということも続きがちである。これにより，エネルギーとたんぱく質が不足してくる。さらに，硬い食材も避けがちとなり，野菜や海藻類，果物類なども不足がちとなるため，食物繊維やビタミン，ミネラルも不足してくる。高齢期には，毎食，主食，主菜，副菜をそろえる食事を支度することは難しいことも多く，食事内容に偏りが生じやすく低栄養状態となる。

フレイル（虚弱）・低栄養

慢性的な低栄養が続くと，低栄養による体重減少や筋量の低下が起こる。これと同時に，加齢による筋肉の萎縮が起こることにより動く力が弱まり，日常活動量も低下する。日常活動量が低下すると空腹感も低く，さらに食欲が落ちる。これによりさらに深刻な低栄養となるという悪循環に陥る。これがフレイルサイクルである。そのため，高齢期には特にエネルギー，たんぱく質，カルシウムの摂取が欠かせない。エネルギーは活動するため，および体たんぱく質の分解を予防するために必要である。たんぱく質は，アミノ酸に分解されて，筋肉のもとになるため必要である。アミノ酸のなかでもロイシンが効果的である。ロイシンは，動物性たんぱく質（牛肉・鶏肉・まぐろの赤身・かつおなど，納豆などの大豆製品）などに含まれる。カルシウムは骨密度を高めるために必要である。

健やかで充実した人生のために

私たちの，掛け替えのきかない，たった一度きりの人生を健やかで充実したものにするために，栄養学はある。いずれのライフステージにおいても不可欠な，いわば，私たちが健やかに生きるために必要な栄養素に加え，成長期，成年期，妊娠出産期，更年期，高齢期，それぞれのステージをより充実して生きるために，意識しなければならない栄養素があることもわかった（図表8－2）。

栄養学は，あまたの人生の成功と失敗を内包しながら，次に来るあなたの人生のために多くの英知を体系的に構築してきた。これらの英知もまた私たちにとっては必要不可欠な栄養素と言ってよいだろう。

5大栄養素をバランス良く摂り，栄養に関する知識も取り入れる。これこそが私たちが真の意味で「生きるために食べる」，すなわち，健やかで充実した人生を全うすることにほかならないであろう。

7 実　践

各ライフステージにおいて積極的に摂取したい栄養素については，上記の通り概観することができた。しかし，栄養の知識だけでは，身体は健康にはならない。これらの栄養素を各自の体内に取り込んでこそ，これらの知識は真の栄養となる。実践してこそ，である。

したがって，ここでは，これらの栄養素を正しく食物から摂取するためにどのような調理をしたらよいか考えていこう。

各栄養素を多く含む代表的な食品例（図表8－3）をご覧いただこう。たとえば，更年期女性であれば，骨粗鬆症予防の目的でカルシウムを摂取したいため，図表8－3のカルシウムの列を見る。すると，ここに挙げられた食品例から，たとえば，主食に豆ごはん，主菜にサバの塩焼き，副菜に小松菜のおひたし，デザートにヨーグルトなどの献立が考えられる。また，日常的にカルシウムを摂取するために，大根の葉とちりめんじゃこを炒めてふりかけを作りごはんに

図表8－3　各栄養素を多く含む代表的な食品（例）

	たんぱく質	カルシウム	鉄	葉酸	ビタミンD	ビタミンK	ビタミンB6	ビタミンB12
芋類				さつまいも			さつまいも	
豆類	豆腐 豆乳 がんもどき	えんどう豆 豆腐 がんもどき	生揚げ 豆乳 大豆	豆乳 大豆 納豆		納豆	豆乳 大豆	
野菜類		小松菜 水菜 大根の葉	大根の葉 菜の花 小松菜 水菜 ほうれん草 春菊	アスパラガス ほうれん草 ブロッコリー 春菊		モロヘイヤ 春菊 ほうれん草 小松菜 ブロッコリー ニラ	ししとう ピーマン	かき しじみ あさり さば さんま はまぐり
魚	いか まぐろ さんま かつお さば	いわし さんま ししゃも さば さんま あさり ちりめんじゃこ	あさり さば さんま まぐろ かつお さんま いわし しじみ		しろ鮭 まがれい いさき かつお うなぎ まぐろ にしん さんま		まぐろ かつお いわし しろ鮭	
肉	鶏むね肉 豚ヒレ肉		豚肝臓 鶏肝臓			鶏もも肉	鶏むね肉 （皮なし）	豚肝臓 鶏肝臓 豚肝臓
卵	鶏卵			全卵				うずら卵
乳	牛乳 ヨーグルト	牛乳 ヨーグルト チーズ	卵黄	豚肝臓 鶏肝臓				
果実類				イチゴ ネーブル アボカド				

出典：筆者作成。

かけても良い。

もちろん，和食以外の，洋食でも中華でも良い。洋食であれば，たとえば，主食に焼きたてのパン，主菜にアサリのワイン蒸し，副菜に豆腐と水菜のサラダなど，その献立の種類は多彩である。外食やお惣菜を買って自宅で食べる場合にも，積極的に摂取したい栄養素を多く含む食材を用いた献立やお惣菜を選択すれば良い。

しかし，あまり神経質に代表的な食材だけを食べ続けると，飽きがきて長く続けることが難しくなるし，かえって健康を害することにもなりかねない。食事の好みは，体調やライフステージによっても変化するため，各場面において，自身の嗜好にあった食材や調理方法で食事を楽しんでいただきたい。まずは主食，主菜，副菜をそろえることで５大栄養素を取り入れることを優先する。そのうえで主食，主菜，副菜のなかに使用される食材が，積極的に摂取したいものであり，かつ自分に適した栄養素を多く含む自分の好みの食材であるとさらに良いと考えていこう。

学習課題

各ライフステージに追加が必要な栄養素（図表８-２）を取り入れるために，図表８-３に記載されている食材を用いて，どのような料理が作れるのかを考えてみよう。なお，更年期に例を記載してあるため参考にしてほしい。

栄養素	成長期	成年期	妊娠期	更年期（例）	高齢期
対象者				50代女性	
目的				骨粗鬆症予防	
取り入れる栄養素				カルシウム	
取り入れる食材				さば	
献立				さばの塩焼き	

スタディガイド

① 杉晴夫（2013）『栄養学を拓いた巨人たち』講談社。

⇨カロリー，ビタミンなど，現在当たり前のように使っている栄養学の単語やその知識は，多くの研究者たちの命がけの苦闘により確立されたものであった。研究者たちの人生をかけた研究成果について書かれている書籍である。

② デイヴィッド・バーカー，藤井留美訳（2005）『胎内で成人病は始まっている――母親の正しい食生活が子どもを未来の病気から守る』ソニー・マガジンズ。

⇨将来，心臓病や糖尿病などの生活習慣病となる原因は，遺伝や本人の食習慣だけではなく，母親の成長期や妊娠中における食生活に関連しているというバーカー説「成人病胎児期発症説」について書かれている書籍である。

③ 伊藤貞嘉・佐々木敏監修（2020）『日本人の食事摂取基準　2020年版』第一出版。

⇨国民の健康の保持・増進，生活習慣病の予防のために，性・年齢階級別に，参照するエネルギーや栄養素の摂取量の基準を示している書籍である。

注

1）　栄養成分表示：容器包装に入れられた加工食品などは，熱量（エネルギー），たんぱく質，脂質，炭水化物，食塩相当量が表示されている。

2）　神経管閉鎖障害：妊娠初期に脳や脊髄のもととなる神経管と呼ばれる部分がうまく形成されないことによって起こる神経の障害である。多くの要因が複合して発症するが葉酸の不足もその一因である。

引用・参考文献

伊藤貞嘉・佐々木敏監修（2020）『日本人の食事摂取基準2020年版』第一出版.

厚生労働省（2019）「令和元年国民健康・栄養調査結果の概要・肥満及びやせの状況」 https://www.mhlw.go.jp/content/10900000/000687163.pdf/（2021年６月閲覧）

中村丁次（2019）「第３回 栄養士誕生と栄養改善法」『臨床栄養』13(3)：341-343.

農林水産省「平成29年度 食育白書 全文　第１章 家庭における食育の推進」 https: //www. maff. go. jp/j/syokuiku/wpaper/attach/pdf/h29_wpaper-22. pdf/（2021年６月閲覧）

デイヴィッド・バーカー，藤井留美訳（2005）『胎内で成人病は始まっている――母親の正しい食生活が子どもを未来の病気から守る』ソニー・マガジンズ.

森基子・玉川和子他（2015）『応用栄養学　第10版――ライフステージからみた人間栄養学』医歯薬出版.

文部科学省（2020）「日本食品標準成分表2020年版（八訂）」 https://fooddb.mext.go.jp/（2021年６月閲覧）

文部科学省（2019）「学校保健統計調査――令和元年度（確定値）の結果の概要」 https://www.mext.go.jp/content/20200325-mxt_chousa01-20200325104819_1-1-1.pdf/（2021年６月閲覧）

（小倉有子）

第9章

セクシュアル・マイノリティとライフスタイル

現代社会において，私たちはライフスタイルを選択しながら生きていくことを求められている。だが，だれもが自らの価値観に従ってライフスタイルを選択できるわけではない。たとえば，セクシュアル・マイノリティは，社会は異性愛者とシスジェンダー（出生時に割り当てられた性別と性自認が同じ人のこと）によって成り立っているという思考，およびそれに基づく社会制度によってライフスタイルの選択を制約されている。この章では，セクシュアル・マイノリティがライフスタイルを選択することにかかわる困難を，学齢期，成人期，老齢期という3つのライフステージに沿ってみていく。

1 学齢期における問題

家庭における問題

家族との関係はライフスタイルを育んでいく上での足場となるが，それはセクシュアル・マイノリティにもあてはまる。家族と良好な関係を築くことができた場合，人生を踏み出すうえでの支えとなるが，そのような関係を築くことができない場合，ライフスタイルの選択以前に困難を抱えかねない。セクシュアル・マイノリティにとって家族からの否定や拒絶は，学齢期にのみ生じるわけではないが，親などの保護者に経済的に依存することの多い学齢期には，より深刻な問題をもたらす。

セクシュアル・マイノリティのなかには，性的指向や性自認を理由に家族から否定・拒絶されるだけでなく，家から追い出されホームレスとなる者もいる（河口 1999）。また，親から独立して生きていくことが難しい学齢期に，家族から日常的に「不自然」「気持ち悪い」などの否定的な発言が繰り返されれば，メンタルヘルスが悪化してもおかしくない。

親がセクシュアル・マイノリティの子どもを受容することが難しい理由として，親自身が性の多様性について学ぶ機会をもっていないことに加えて，親の周囲でセクシュアル・マイノリティに対して否定的な言動が存在していることを挙げることができる。否定的な環境のなかで，セクシュアル・マイノリティの家族もまた孤立や差別を恐れ，子どもを拒絶するのである。

学校における問題

学校時代は，ライフスタイルの選択にとって基盤となる自分自身と世界についての知識を身に付ける時期である。セクシュアル・マイノリティの児童生徒にとって必要な知識には，セクシュアリティやジェンダーについての知識を踏まえて自分自身や社会をどのようにとらえるのかといった点が含まれる。それでは，知識を得るための空間のひとつである学校はセクシュアル・マイノリティにとってどのような場になっているだろうか。

① いじめや暴力

まず多くのセクシュアル・マイノリティの児童生徒にとって学校は，いじめや暴力を経験する場になっている。「いのちリスペクト。ホワイトリボン・キャンペーン」という団体が2013年に実施した調査によると，セクシュアル・マイノリティが小学生から高校生の間にいじめや暴力を経験した割合は，言葉による暴力53％，無視や仲間はずれ49％，身体的な暴力20％，性的な暴力11％であった。また，このようないじめや暴力を経験したことがないと答えた割合は32％であり，約７割（68％）のセクシュアル・マイノリティが小学校から高校の間にいじめや暴力を経験していた（いのちリスペクト。ホワイトリボン・キャンペーン，LGBT の学校生活に関する実態調査（2013）結果報告書）。

深刻であるのは，セクシュアル・マイノリティにとってのいじめや暴力が，周囲からは冗談やからかいとみなされていることである。「ありふれた日常のなかにある，ちょっとした言葉や行動や状況であり，意図の有無にかかわらず，特定の人や集団を標的とし，人種，ジェンダー，性的指向，宗教を軽視したり侮辱したりするような，敵意ある否定的な表現」をマイクロアグレッションと呼ぶ（スー 2020：33）。セクシュアル・マイノリティに対するマイクロアグレッションには，「ホモ」「レズ」「オカマ」「オナベ」「変態」「普通じゃない」といったセクシュアル・マイノリティを侮蔑する言葉づかいや，トランスジェンダー男性に対して「彼女」と言い続ける，恋愛を「一人の男性と一人の女性の間でなされる」と定義し，異性に惹かれることを前提とする会話も含まれる。セクシュアル・マイノリティは，学校のなかで日常的にマイクロアグレッションを経験することにより，自分は価値ある存在であるという自尊心を低下させ，怒りや失望を感じている。

セクシュアル・マイノリティは，学校でのあからさまな暴力やいじめに加えて，日常的なマイクロアグレッションによるストレスの蓄積による不登校や中退といった学校からのドロップアウトによって，十分な教育の機会を奪われることがある。セクシュアル・マイノリティの児童生徒にとって学校は，身体的にも精神的にも安全な場とはいえない現実がある。

② 制度や施設をめぐる問題

トランスジェンダーの児童生徒にとっては，性別によって2分された制度や施設をめぐる問題も深刻である。学校には，制服，体育，トイレ，更衣室，宿泊研修，呼称（男子には「くん」，女子には「さん」との呼び分け）等，身体を基準にして男女を分ける制度や施設，慣習が多く存在する。生まれた時に割り当てられた性別とは異なる性別で学校生活を送りたいと望むトランスジェンダーの児童生徒に，戸籍の性に基づいて学校生活を送るように強いることは，強いストレスとなる。たとえば，戸籍の性に基づいて制服の着用を求めることは，トランスジェンダーの児童生徒に苦痛・ストレスをもたらし，不登校や中退をもたらす場合がある。このようにトランスジェンダーの児童生徒に戸籍の性を強制することは，学校で学ぶ機会を奪い，さらにはメンタルヘルスを悪化させる可能性をもつ。

しかし，こうした状況を改善する取り組みも始まっている。文部科学省は

2015年に，「性同一性障害に係る児童生徒に対するきめ細かな対応の実施等について」という通知を発出して，性同一性障害の生徒が学校で直面する問題（制服，トイレ，着替え，体育等）について個別に対応するように求めている。

③ 性の多様性について学ぶ機会

児童生徒が学校において，性の多様性について学ぶ機会を十分に保障されていない現状もある。現行の小学校や中学校の学習指導要領（2017年告示）には，セクシュアル・マイノリティや性の多様性についての記述がないだけでなく，思春期になると異性への関心が芽生える等の記述が残されている。同性に恋愛感情を抱いていることを自覚した児童生徒が，こうした記述を教科書の中に見つけたときに，自らを教科書の想定から外れた人間なのだと考えることは，想像に難くない。学校教育は，性の多様性について学ぶ機会を提供しないばかりか，セクシュアル・マイノリティの児童生徒が自らを否定的にとらえる場になってしまっているのである。

学校教育において性の多様性が取り上げられない現状では，セクシュアル・マイノリティの児童生徒を取り巻く状況を変えることは難しいといえる。なぜなら，いじめや暴力の加害者となってしまっている者も含めた児童生徒がジェンダーや性の多様性についての知識をもち，性に関するとらえ方を転換する機会を得にくいためである。また，学校は文科省の通知によって，セクシュアル・マイノリティの児童生徒への配慮を求められているが，こうした対応が円滑に進むためには，児童生徒を含む学校全体でその必要性について理解することが必要だからである。

多くの学校において，セクシュアル・マイノリティの児童生徒は，自らの性的指向や性自認について理解し，受容する機会をもつことができないだけでなく，精神的・身体的安全性を保障されていない現状がある。

メンタルヘルスにかかわる問題

① 自殺企図と自殺未遂

メンタルヘルスが良好でないことにより，望むライフスタイルを選択できないこともある。ライフスタイルの選択とメンタルヘルスは切り離せない関係にある。これまでみてきた家族からの否定や拒絶，また学校でのいじめや暴力，望まない性での学校生活に加えて，望まない性で働くことや職場でのハラスメントもまた，セクシュアル・マイノリティにストレスをもたらす。メンタルヘルスをめぐる問題は，学齢期から見出されるが，セクシュアル・マイノリティの人生全体に及ぶ問題であることに留意する必要がある。

最初に，メンタルヘルスに関するデータとして，2019年に大阪市民を対象に実施された調査結果を紹介する。この調査では，自殺企図，すなわち自殺について考えたり自殺をほのめかす行動をとった割合はシスジェンダー（出生時の性と性自認が一致している人）の異性愛者（CH）が7.2％であったのに対して，トランスジェンダー（T）は37.5％，レズビアン・ゲイ・バイセクシュアル（LGB）は29.0％であった。また自殺未遂の割合はCHが1.5％であったのに対して，Tは15.6％，LGBは9.7％であった。CHと比べると，自殺企図の割合はTで5.2倍，LGBで４倍高く，自殺未遂の割合はTで10倍，LGBで約６倍高くなっていた。セクシュアル・マイノリティは自殺企図・自殺未遂の割合が高く，メンタルヘルスを悪化させやすい状況にあることがわかる（働き方と暮らしの多様性と共生研究チーム「大阪市における無作為抽出調査からみたセクシュアル・マイノリティのメンタルヘルス」）。

② メンタルヘルスに困難を抱えやすい理由

セクシュアル・マイノリティがメンタルヘルスに困難を抱えやすい理由は，マイノリティとしてのストレスを抱えやすいことに加えて，社会的支援（ソーシャル・サポート）を得にくいためである。

セクシュアル・マイノリティは，性的指向や性自認，性表現のあり方に関するマイクロアグレッションを，家庭，学校，職場，地域において生涯にわたって継続的に経験し，その蓄積された影響によって，深刻な問題を抱えかねない（スー 2020：36）。そのことに加えて，自らの性的指向や性自認に満足できているかどうかもメンタルヘルスに影響を及ぼす。同性愛嫌悪（ホモフォビア）とは同性に惹かれること・人への恐怖，忌避，否定を，トランス嫌悪（トランスフォビア）とは性別に違和感をもつこと・人への恐怖，忌避，否定を指す。セクシュアル・マイノリティ自身が同性愛嫌悪・トランス嫌悪を内面化した状態は，自らの性的指向や性自認にストレスを感じている状態であり，うつや不安神経症をもたらしやすいだけでなく，ストレスによる身体の健康の悪化を招くこともある。多くの人びとが日々，ストレスを抱えながら生きているが，セクシュアル・マイノリティは，それに加えて性的指向・性自認・性表現に起因するストレスを日々経験しており，いわば二重のストレスに向き合いながら生きているのである。

また，性的指向や性自認，性表現の多様性に対して否定的な信念や嘲笑，からかいが向けられる状況は，社会的支援を受けることを難しくしている。ストレスを避けるために，セクシュアル・マイノリティであることを隠すという対処法があるが，こうした方法は偏見から自らを守る手段でもあるとともに，悩みを打ち明けることを難しくする。内面化された嫌悪に，アイデンティティを隠しているがゆえに（社会的）支援を求めることの難しさが重なることにより，深刻な孤独や不安による抑うつや自尊心の低下がもたらされ，健康上の問題もまた生じやすくなるのである。

2　成人期における問題

働くことにかかわる問題

成人期のセクシュアル・マイノリティが経験する，ライフスタイルの選択にかかわる問題として働くことにかかわる困難がある。生きていくための資源をどのように獲得するのか，言い換えればどのような職業に就くかは，セクシュアル・マイノリティのライフスタイルの選択にとっても最も重要な課題のひとつである。ここでは，セクシュアル・マイノリティが働く上で直面する困難を，就職活動と入社後に直面する問題の２つにわけて説明する。

① 就職活動

就職活動で求められる服装や振る舞いは，男女によって異なっている。こうした現状に息苦しさや違和感を抱く人も少なくないが，セクシュアル・マイノリティ，とりわけトランスジェンダーの学生が直面する問題は深刻である。

出生時に割り当てられた性別に違和感をもつトランスジェンダーの学生にとって，就職活動は選択を強いられることの連続である。衣服メーカーや就職情報を提供する企業は，就職活動におけるスーツ，髪型，座り方，そして化粧について，性別によって異なるガイドラインを提供している。じっさいに，学生たちが着用を求められるリクルートスーツは男性用と女性用の２種類しかない。また，履歴書の性別欄に書くことを想定されているのは，戸籍に記されている性別である。こうした状況下でも，望む性別で働くために，面接官が戸惑うことを覚悟のうえで戸籍とは異なる性別で就職活動をしている学生もいる。このように，トランスジェンダーの学生は，戸籍の性別と自認する性別の間で，どのようなスーツを着用するのか，履歴書にどのような性別を記入するのかを，就職活動における有利・不利，カミングアウトのタイミング（入社前と入社後のどちらの方が良いのか），そして自尊心の間でバランスをとりながら，どのように働くかを選択しているのである（朝日新聞　2021年５月16日）。

同性愛者や両性愛者の学生も選択を迫られている。面接者が，面接を受けている人が異性愛者であるという前提のもと，将来の結婚について尋ねたときに，同性愛者や両性愛者の学生は，性的指向をカミングアウトするか選択を迫られる。カミングアウトした結果，面接を打ち切られることもある。

このようにセクシュアル・マイノリティの学生は，生きていくうえでの資源の獲得と望む性のあり方で働くことを天秤にかけながら，働き方を選びとっている。そのプロセスに伴う重圧に耐えかねて，就職活動を諦め，正規雇用を避けてアルバイトを選ぶ学生もいる。

② 入社後に直面する問題

入社後にトランスジェンダーの労働者が直面する問題の１つに，性自認とは異なる性別で働くことによって生じるストレスがある。性自認と異なる服装・スーツで働くことやトイレや更衣室を使用しなければならないことによってストレスが引き起こされるのである。また，自認する性とは反対のトイレを利用することへの抵抗感や罪悪感から，トイレ使用を控え，膀胱炎を発症することもある。性自認に基づいて働くことのできない環境は，精神的健康だけでなく，身体的健康を害するのである。また入社時とは異なる性で働くことを会社に求めても，戸籍の性別で働くことを求める企業や，また全社員の前で性同一性障害であることの公表を求め，労働者にうつ病を発症させた企業もある。

同僚や顧客からのハラスメントも深刻である。LGBT 法連合会がまとめた「性的指向と性自認を理由とするわたしたちが社会で経験する困難のリスト（第 3 版）」には，職場で「オカマ」と言われた（ゲイ男性）／顧客からのクレームにより休職させられた（トランスジェンダー女性）／女性の戸籍であることが明らかになった後から体を触られるようになった（トランスジェンダー男性），といった被害経験が掲載されている。このような職場環境は，セクシュアル・マイノリティの精神的安全性を脅かしている。

また，企業のなかには，同性パートナーをもつ従業員を福利厚生の対象とするところも徐々に現れているが，福利厚生の対象外とする企業の方が圧倒的に多い。福利厚生からの排除には，婚姻している異性のカップルに提供される慶弔休暇の取得，家賃補助や結婚祝い金の支給といった手当の適用対象外とすることが含まれている。

カップルや家族の形成にかかわる問題

ライフスタイルの選択には，（どのような人と）恋愛をするか／しないか，結婚を（いつ）するか／しないか，そして子どもを（いつごろ何人）もつか／もたないかといった，親密な関係性の形成にかかわる事柄も含まれる。一方で，法律上，同性同士のカップルには結婚を望んでもその選択肢がなく，子どもを望んでも生殖医療の利用が認められないなど，セクシュアル・マイノリティはカップルや家族形成に困難を抱える。

まず，同性婚を認めている国は約30あるが（2021年10月現在），日本では法律上の同性のカップルは婚姻を選択することはできない。なお，法律上同性同士であるために婚姻できないのは同性愛者に限った問題ではない。たとえば，戸籍の性は女性で性自認が男性のトランスジェンダー男性と，戸籍も性自認も女性であるシスジェンダー女性のカップルは，性的指向では異性同士として惹かれあう異性愛のカップルだが，戸籍上は女性同士であるため，婚姻できない。このように，同性愛者同士のカップルに加えて，トランスジェンダーを含むカップルも法律上同性同士であれば現在の法律によって結婚する機会を奪われることがある（以下，法律上，同性同士のカップルを，単に同性カップルと表記する）。

同性カップルが婚姻を含むパートナーシップ関係を保障する制度を望む理由のひとつは，パートナーとの共同生活を保護するためである。住居と医療にかかわる問題を挙げよう。まず，同性カップルは２人で住むための部屋を借りることに苦労している。不動産業者や大家が同性カップルに対して偏見をもっている場合や，「同性同士だと，将来片方が異性と結婚して出て行ってしまい，そうしたら住み続けられない」などの理由で，契約を断られる事態も起こっている。じっさいに，「不動産屋から男同士には貸さないけど，そんなに言うなら管理費を倍支払えば大家に掛け合ってやると言われ，仕方なく６年間，毎月倍支払った」というカップルもいる（エスムラルダ，KIRA 2015：206-7）。同性同士では契約ができないため片方の名義で賃貸契約をするカップルもいるが，契約をしていない側は大家に見つからないように同居生活を続けなければならない。また契約者が亡くなった場合には，残されたパートナーは住居からの退去を求められることになる。住居を購入する場合でも，同性カップルが共同でローンを組むことは容易でない。公営住宅に関しても，応募条件に親族規定がある場合，同性カップルは応募することができない。

つぎに医療に関して，同性パートナーは親族ではないという理由により，医師から病状の説明を受けられない，手術の同意書にサインできない，病状が重い場合に看護ができない事態に直面しうる。同性パートナーは緊急時に家族として扱ってもらえない不安を感じながら生活しているのである。同性パートナーへのこのような扱いは，法律に基づくものではなく医療機関の判断によるため，患者の親族からの批判を恐れて親族と同様に扱わない病院もある一方，本人の意思表示を優先し，同性パートナーを親族と同様に扱う病院もある。同性カップルの意志の尊重は，病院の善意に委ねられているのである。

このような現状に対して地方自治体レベルでは，（同性）パートナーシップ制度の創設を通じて，同性カップルの困難を軽減する取り組みが始まっている。パートナーシップ制度とは，同性カップルを含む少なくとも一方が性的マイノリティである２人に対して自治体がパートナー関係であることを認証する制度を指す。2015年東京都渋谷区と世田谷区で始まったこの制度は，現在110を超える自治体で導入され，制度をもつ自治体の総人口は全国の４割を超えている（2021年９月１日現在）。パートナーシップ制度をもつ自治体では，公営住宅の応募要件を親族だけでなく認証を受けたカップルまで拡大するとともに，公立の病院を利用する同性カップルを家族として扱うなどの取り組みが広がっている。また，携帯電話会社や保険会社などではパートナーシップ制度によって認証されたカップルを対象に，家族と同様に扱うサービス提供の動きも広がっている。パートナーシップ制度を利用できるのは，制度をもつ自治体の住民に限定されるとはいえ，自治体での議論を経た上での制度の創設は同性カップルの生活の保護に向けた第一歩であると評価できる。

一方で，パートナーシップ制度は法律上の婚姻とは異なるため，同性カップルは婚姻している異性カップルと同等の扱いを受けることのできない現実は変わっていない。同性カップルは依然として，税金の控除や財産の相続，配偶者ビザの取得などにおいて異なる扱いを受けているのである（同性婚人権救済弁護団 2016）。こうした状況に対して，「同性婚が認められないのは，婚姻の自由を保障した憲法に反する」として，2019年２月より全国４カ所で訴訟が始まり，現在は全国５カ所で訴訟が継続している。2021年３月17日，この一連の訴訟で最初の判決を言い渡した札幌地裁は，異性愛者に婚姻を利用する機会を提供しているにもかかわらず，同性愛者に法的手段を提供しないのは差別取扱いに当たるとして，同性婚を定めていない民法と戸籍法の規定は憲法14条（法の下の平等）に違反するとの判断を示している。

3 老齢期における問題

同性パートナーに関係すること

医療や介護サービスを受けることは，老齢期のライフスタイルの選択と切り離せない。医療や介護が身近になる老齢期にセクシュアル・マイノリティが直面する課題として，同性パートナーの看護にかかわる問題がある。すでに述べたように，同性カップルはパートナーが病気になった場合に，医療機関において家族として扱われることへの不安を抱えている。この問題は成人期にも生じるが，医療の必要性が高まる老齢期には，より深刻さを増す。ここでは，その前提となる看護にかかわるカミングアウトの問題を取り上げよう。

同性パートナーを家族として看護する，あるいは同性パートナーから看護されるには，医療関係者に自分たちがパートナー関係であることを告げる必要がある。しかし，医療関係者や介護関係者にパートナー関係であることを伝えることは簡単ではない。同性パートナーであることを伝えた際に否定的な反応・対応が返ってくる可能性があり，そのことを恐れるからである。こうした不安は，同性パートナーと同居していることを知られることを恐れて，ソーシャルワーカーが自宅訪問することへの拒否として現れることもある（河野 2021：508-9）。

つぎにパートナー関係であることを告げても，病院から面会や看護を認められず，パートナーを看取れないという問題も起こりうる。同性婚訴訟の原告であった佐藤郁夫さんは「私は病気を抱えており，寿命はあと10年あるかどうかだろうと覚悟しています。……天国に行くのは私の方が先だろうと思っていますが，最期の時はパートナーの手を握って『ありがとう。幸せだった』と感謝して天国に向かいたいのです」と意見陳述をしたが，その願いは叶えられなかった。佐藤さんが2021年１月４日に脳出血で倒れて入院したさい，パートナーが入院先で，勇気をもって同性パートナーであると告げたにもかかわらず，医師は「親族でなければダメだ」と目の前にいるパートナーへの病状説明を拒否した。佐藤さんは，同月18日にパートナーと妹が見守るなか，享年61歳で亡くなったが，このケースのようにパートナーであることを伝えても，病状の説明を受けられないなど，親族と同様の扱いが認められるとは限らない現実がある（『ハフィントンポスト』2021年２月27日）。

トランスジェンダーにかかわること

トランスジェンダーのなかには，病院や施設等において自らの望んだ性で治療や介護を受けられるか，不安を抱えている人も多い。たとえば，トランスジェンダーが，治療を受けるために病院を訪れたときに，外見から推測される性別と保険証の性別が異なることから，受付でその理由を他人の面前で尋ねられる，また受付でフルネームで呼ばれ，名前から推定される性別と外見の性が異なるトランスジェンダーが周囲から奇異の目を向けられることもある。このような経験は，病院の利用を躊躇することにつながる。

病院において自認する性よりも，戸籍の性を優先される場合もある。性同一性障害特例法に基づいて戸籍の性を変更するには性別適合手術を受けなければならないが，健康上，あるいは経済的理由により手術を受けられない人もいる。また，女性として生活をしていても，戸籍の性が男性の場合，入院先の病院で男性用の病室に入るよう求められることがある。その他にも，入浴や排泄，あるいは言葉がけ等の場面において本人の望んだ性で対応してくれるか，不安を抱く人は多い。本人の望む性に基づいた対応は，当事者の尊厳にかかわる問題である（河野 2021：509）。

性別二元制社会の生きづらさ

ここまでセクシュアル・マイノリティのライフスタイルを選択するさいに現れる，学齢期から老齢期にいたる困難の数々を見てきた。こうした困難は，社会が異性愛者とシスジェンダーによって成り立っているという思考とともに，こうした思考を支える性別二元制，すなわち性を男女に二分し，男女は異なる性質をもち，互いに惹かれあうという観念，に基づく慣習や制度によって生み出されていた。

だがこのような価値観は，セクシュアル・マイノリティのライフスタイルの選択を制約しているだけではない。女性性・男性性から逸脱しているとみなされることにより，からかいやいじめ，暴力の対象となるのはセクシュアル・マイノリティだけではない。異性愛者やシスジェンダーも含まれている。またセクシュアル・マイノリティ以外にも就職活動のなかで求められる性別によって二分化された服装や振る舞いに窮屈さや息苦しさを感じる人は少なくない。このように性別二元制に基づく社会は，セクシュアル・マイノリティだけでなく，すべての人のライフスタイルの選択を，もっといえば生き方を制約しているのである。

学習課題

1．異性愛者やシスジェンダーがもつ日常生活の中での特権にはどのようなものがあるか考えてみよう。なお，ここでは特権を「異性愛者やシスジェンダーであることで，労なくして得ることのできる有利さ・優位性」という意味で用います。
2．セクシュアル・マイノリティの学生が大学生活を送る上でどのような困難に直面するか，またそうした問題の解決に向けて大学がどのような対応をしているか，調べてみよう。またみなさんができることを考えてみよう。
3．同性婚を法制化することに対する賛成意見と反対意見を調べてみよう。

スタディガイド

① 棚村政行・中川重徳編（2016）『同性パートナーシップ制度――世界の動向・日本の自治体における導入の実際と展望』日本加除出版。

⇨（同性）パートナーシップ制度について，日本で最初に導入した渋谷区と世田谷区がどのような経緯で制度を導入したのか，また諸外国のパートナーシップ制度がどのような特徴をもっているのか踏まえて，制度の意義について考察している。

② 葛西真記子（2019）『LGBTQ＋の児童・生徒・学生への支援』誠信書房。

⇨多様なセクシュアリティについての基礎知識，教育現場においてセクシュアル・マイノリティが置かれている状況，小学校・中学校・高校における対応と授業における取り組み，教員の意識変容と啓発の取り組みについて紹介している。

引用・参考文献

エスムラルダ，KIRA（2015）『同性パートナーシップ証明，始まりました。』ポット出版.

葛西真記子（2019）『LGBTQ＋の児童・生徒・学生への支援』誠信書房.

河口和也（1999）「エイズ時代における『同性愛嫌悪（ホモフォビア）』――『ゲイ・ストリート・ユース』の事例を通して」『解放社会学研究』(13)：27-52.

河野禎之（2021）「セクシュアル・マイノリティ概論」『老年精神医学雑誌』32(5)：505-511.

スー，デラルド・ウィン，マイクロアグレッション研究会訳（2020）『日常生活に埋め込まれたマイクロアグレッション――人種，ジェンダー，性的指向：マイノリティに向けられる無意識の差別』明石書店.

棚村政行・中川重徳編（2016）『同性パートナーシップ制度――世界の動向・日本の自治体における導入の実際と展望』日本加除出版.

同性婚人権救済弁護団（2016）『同性婚　だれもが自由に結婚する権利』明石書店.

三成美保編（2017）『教育と LGBTI をつなぐ』青弓社.

（風間　孝）

第10章
スポーツとライフスタイル

日本では，スポーツ基本法によって，スポーツにかかわる権利が保障されている。国内では，生涯スポーツと競技スポーツの2分野に大別してスポーツを振興する政策が策定されているが，予算の多くが競技スポーツに投じられるなどの課題がある。この章では「する」「知る」「みる」「ささえる」という4つのスポーツとのかかわり方を紹介する。その上で，スポーツ報道の活用によるメディアリテラシーの獲得や社会課題の解決へのスポーツの貢献可能性の観点から，スポーツに対する考え方をアップデートする。スポーツは，健康や楽しみのためだけでなく，ライフスタイルの確立にとって重要な人生観や価値観に影響を与えるツールとしても活用できることを知ろう。

1 権利としてのスポーツと日本のスポーツ政策の課題

スポーツは国民の権利として保障されている

2015年，文部科学省の外局としてスポーツ庁が設置された。この新しい行政機関は，スポーツ振興その他スポーツに関する施策の総合的な推進を図ることを目的としている。スポーツ庁設置の背景には，国内のスポーツ政策を左右する法律の改正がある。それは1961年に制定された「スポーツ振興法」が半世紀ぶりに全面改正され，「スポーツ基本法」(2011年8月施行）になったことである。スポーツ基本法の前文には，それまでの「スポーツ振興法」にはなかった理念が以下のように記されている。

> スポーツを通じて幸福で豊かな生活を営むことは，全ての人々の権利であり，全

ての国民がその自発性の下に，各々の関心，適性等に応じて，安全かつ公正な環境の下で日常的にスポーツに親しみ，スポーツを楽しみ，又はスポーツを支える活動に参画することのできる機会が確保されなければならない。

この理念に基づけば，私たちには，自分自身のライフスタイルをより望ましいものにするために，スポーツを活用する権利がある。また，国はその権利を保障する必要がある。

では，日頃，私たちはどのような活動を「スポーツ」だと考えているのだろうか。この言葉からは，学校での体育の授業，トップ・アスリートたちの大会，街中や公園をウォーキングする人の姿，フィットネスクラブ，地域の運動会など，生活のさまざまな場面をイメージすることができる。スポーツを日常的に実施しているかどうかにかかわらず，スポーツは私たちの生活に浸透している。これらのさまざまなスポーツ場面は，一般的には「競技スポーツ」と「生涯スポーツ」という２つの分野に区別して考えられている。

国のスポーツ予算の現状

それぞれに対し，国の予算がどのように投じられているのかを見てみよう。笹川スポーツ財団（2015）の調査報告によれば，推移が検討された2002年以降，国のスポーツ予算は右肩あがりに増加している。しかし，この増加は「（国際）競技力向上事業」「ハイパフォーマンス・サポート事業」に関する経費の増額が影響したものである。また，同じ報告書では，「競技スポーツ」では多くの事業が実施されている一方で，「生涯スポーツ」に関する事業の計画はあっても実施されていないケースが多々みられることも指摘されている。

図表10－1に，スポーツ庁による2021年度のスポーツ予算案の全体像を示した。2021年度に関しては，「2020年東京オリンピック・パラリンピック大会の成功に向けた対応」が78.6％を占める。コロナ禍で運動不足になりがちな市民の日常的な活動を支援する事業の割合は前年より少し増加して15.1％，スポーツを通じた経済・地域の活性化は3.8％，学校体育や運動部活動の推進は2.4％の予算が申請されたことがわかる。2021年12月時点で示されている2022年度の

図表 10－1　2021年度スポーツ予算案

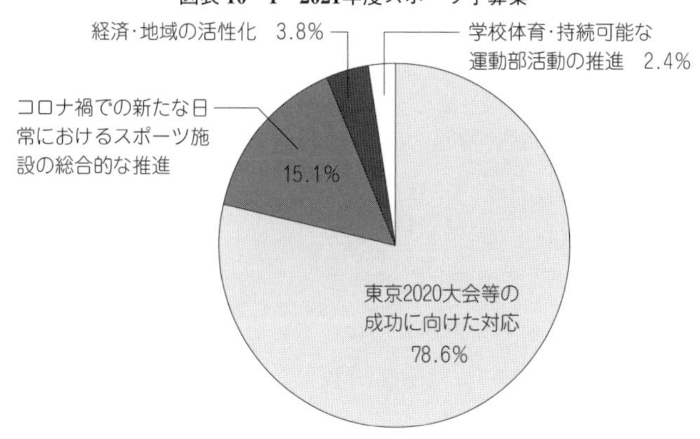

出典：スポーツ庁（2021）より筆者作成。

概算要求では，スポーツを活用した地方創生にあてる割合が25%に増え，地域スポーツ環境の整備やスポーツ産業の成長促進に投じる項目があげられている。これらが一般市民のスポーツ活動をどのように支える予算となるかは，問われることになるだろう。

国の予算全体に占めるスポーツ予算の割合を他のスポーツ先進国とされる国々と比較すると，日本が0.03%（2017年度）であるのに対し，イギリスは0.02%，オーストラリア・ドイツ・カナダは0.07%，フランスは0.09%となっている。スポーツ先進国のなかでは，日本は比較的スポーツ予算が少ない国であり，そのうち多くの割合が競技スポーツに関する事業にあてられていることになる。

この現状から，国全体のスポーツ政策として，ライフスタイルを支える分野のスポーツ振興を改善する余地があると考えられる。一方，地方自治体のなかには，地域を活性化させる手段としてスポーツを取り入れているところもある。地方自治体のホームページや公共スポーツ施設などに積極的にアクセスすることによって，自分が居住する自治体がどのようなスポーツ振興事業に力を入れているか知ることができる。市民がそれらを確認し，各自のライフスタイルに合ったスポーツ支援を提案することも重要である。

2　スポーツとのかかわり方——する・みる・ささえる・知る

「する」スポーツの現状と課題

笹川スポーツ財団は，1992年からスポーツ実施率の継続的な調査をおこなっている。直近の調査は，2020年８月から９月にかけて，全国の市区町村に居住する18歳以上の3,000人を対象に実施された（笹川スポーツ財団 2021）。この調査では，週１回以上，何らかの運動を行っている人の割合は59.1％と過去最高になった。また，週２回以上，１回30分以上の「ややきつい」強度以上の運動を実施している「アクティブ・スポーツ人口」も年々増加しており，2020年の調査では，22.1％であった。調査を始めた1992年が6.6％であったことと比べると，この30年間で生活習慣にスポーツを採り入れている18歳以上の人は，全体の４分の１近くにまで増加したことがわかる。

特に18～19歳の若い世代で「筋力トレーニング」「散歩」「ウォーキング」を実施する人が増えたことが特徴である。この変化は，新型コロナウィルス感染症の流行によって，特定の施設を利用しなくても一人でできる種目が行われたことによると考えられる。ただし，長引く感染拡大により，「新しい日常」へと移行するなかでは，スポーツを実施した人の割合には，やや減少傾向がみられる（笹川スポーツ財団 2021）。

このように，全体的には個人がスポーツをライフスタイルに組み込む傾向が高まっている。一方で，課題もある。それは，ここ数年，児童・生徒の体力の二極化と中学・高校期以降の女性のスポーツ実施率の低下が進んでいることである。

「知る」スポーツを「する」スポーツにつなげる試み

学校での体育の経験に非好意的な児童・生徒に向けては，何ができるだろうか。たとえば，教師は児童や生徒が自分自身の健康状態への気づきや体力の伸びを実感しながら楽しめるよう，工夫することが求められている。また，身体活動そのものに関する知識を増やし，その必要性や実施効果を科学的な視点からとらえるという「知る」スポーツは，「する」スポーツの習慣化につながることが期待されている。大学生以上の年齢層では，義務教育期間にこのようなアプローチを経験していないが，現在のスポーツ庁のホームページには，成人向けに自分の身体機能を知る診断ツールなどが公開されており，利用することもできる（スポーツ庁 2021）。

社会における美的イメージの影響により，痩身願望をもつ女性が多いことは知られている。この傾向に加え，中学・高校期以降，特に女性のスポーツ実施率が低下する傾向があることから，体重の減少や体型のスリム化をめざしても身体活動は行っていない女性が存在すると考えられる。その場合，栄養バランスを崩して健康を害したり，摂食障害を引き起こすことが懸念される。

従来，肥満度は体重と身長のバランスを計算する「BMI（Body Mass Index）」という指標によって測られてきた。これに対し，新しい指標として「LBM（Lean Body Mass，除脂肪体重）や「LBMI（Lean Body Mass Index，筋肉指数）」に着目することが提案されている。

たとえば，順天堂大学女性スポーツ研究センターでは，成長期のアスリートを主たるターゲットにしたプログラム「スラリちゃん，Height!」を提案し，動画やガイドブック，スマホ・アプリなど，身近なツールをホームページで公開している。ホームページに公開された「スラリちゃん・伸びマッスル表」は，成長期以降の成人女性が自分の筋肉量はどのレベルにあるかを知ることにも活用できる。LBM の計算式は「LBM(kg)＝体重(kg)×(100－体脂肪率(%))÷10」，LBMI の計算式は「LBMI＝LBM(kg)÷身長(m)÷身長(m)」である。最近ではおよその体脂肪率を測ることができる体重計があるため，これを利用して計算し，表にあてはめることで，現在の状態がわかる。標準的な割合は，女性では14～17程度，男性では16～19程度が適正とされている。

このような女性に特化した情報提供も，「知る」スポーツをきっかけに「する」スポーツへとつなげる試みだといえるだろう。

「みる」スポーツの現状と課題

「みる」スポーツ，すなわちスポーツ観戦は，「する」スポーツに次いで推奨されてきたかかわり方のひとつである。2020年のデータ（笹川スポーツ財団 2021）によれば，直接観戦した人の割合が高い種目は，プロ野球，Ｊリーグ（J1，J2，J3），高校野球，マラソン・駅伝，サッカー（高校，大学，JFL など），バスケットボール（高校，大学，WJBL など）等だとされる。しかし，最も観戦率の高いプロ野球でも，その割合は9.8％であり，どの種目においてもスポーツ観戦率は低下する傾向がある。一方，テレビやインターネットなどのメディアを通してスポーツを観戦した割合は66.8％で，年代別では70代の割合が，性別では男性の割合が高いとされている。また，男性ではプロ野球，サッカー日本代表，ゴルフ，女性ではフィギュアスケート，スピードスケートなどを観戦した割合が高いとされる。直接観戦，メディアを通しての観戦のいずれについても，「する」スポーツが習慣化している人のほうが「みる」スポーツにもアクセスしている傾向があるという調査結果が示されている。

そもそもスポーツへの関心がなければ，どのような形式であろうと観戦にも興味が湧きづらいことは，経験的に理解できる。それにもかかわらず，７割弱の人々がメディアを通してスポーツを観戦していることになる。しかし，そのデータをより詳しくみると，世代や性別による偏りがあるのはなぜだろうか。

最近の研究では，① 最も普及が進んでいるメディアのひとつであるテレビでのスポーツ放送の時間帯，放送される種目に偏りがあること，② メディアでの観戦に興味をもたせるようなスポーツ総合誌においても，表紙の掲載写真には種目や性別に偏りがあること，③ 若い世代に人気のあるライフスタイルスポーツ（サーフィン・スノーボード・スケートボードなどのボードスポーツ，ロッククライミング，フリースタイルスキー，BMX，サイクリングなど）は有料チャンネルでの報道が多く，現段階では限られていること，などが理由としてあげられている。これらを変化させていくことにより，「みる」スポーツがこれまで以上に多くの人のライフスタイルに組み込まれる可能性が広がるだろう。

「ささえる」スポーツの現状と課題

「ささえる」立場からスポーツにかかわることについては，スポーツボランティアに着目することによって，現状と課題が分析されてきた。笹川スポーツ財団の2020年の現状調査では，過去1年間にスポーツボランティアを行った人の割合は5.3%であり，同財団の調査データがある1994年以降，最低を記録したことが報告されている（笹川スポーツ財団 2020）。ここ25年間，スポーツボランティアとして活動した人の割合は，およそ7〜8%前後で推移してきた。2020年の減少は，コロナ禍で活動機会が失われたことを反映する数字だと考えることができる。

スポーツボランティアの具体的な活動内容をＪリーグのクラブボランティアの例でみてみよう。クラブがどのような役割をボランティアに依頼しているかを調査したところ，「終了後の清掃」が最も多く，会報やチラシなどの配布活動，車いす利用者のアテンド・サポート，ゲートでのチケットチェック，地域イベントへの参画などがあげられた（笹川スポーツ財団 2019）。イベントの観客サービスやクラブマネジメントにおいて，スポーツボランティアは欠かせない存在になっているといえる。

「ささえる」スポーツと「する」スポーツが融合する場としても注目されているのが，障がい者スポーツにおけるボランティア活動である。たとえば，視覚障がい者のマラソンでは，約1mのロープを輪にして一緒に持ち，アスリートとボランティアである併走者が共に走る。タンデム（二人乗り自転車）では，視覚障がいのあるアスリートと障がいのないアスリートがペアになって競う。

障がい者スポーツでは，障がいに応じてルールや実施方法，用具などが工夫・開発されている。これらのスポーツにかかわるボランティアでは，誰もが身体活動にアクセスするために必要な要素を身近に知り，柔軟な発想で創造する経験を重ねることができる。その経験は，自分や周囲の人々のより豊かなライフスタイルづくりに役立てることができるだろう。

さらに，いわゆるプレイヤーとしてではなくプレイ・フィールドで活動する人々の存在も，「ささえる」スポーツとして考えることができる。より専門的な知識が必要な役割には，コーチ，審判，トレーナー（理学療法士や心理的サポート等を含む），医師（主に整形外科，歯科），栄養士などがある。専門的な職業に就きながら「ささえる」スポーツにかかわる人々の割合は，多様化する傾向にある。トップアスリートの競技は，こうした「ささえる」役割を担う専門的な人々とのチームによって成り立っている。また，学校の運動部活動レベルでも同様のニーズがあり，多様な人々がかかわる傾向は高まっている。

以上のように「ささえる」スポーツの世界は広がっている一方で，スポーツ・イベントや競技的なスポーツ場面での活動に焦点があてられてきたゆえの課題も発生している。それは，活動に参加する人が限られ，平日の活動参加者が少ない，役割が固定化される，参加者が高齢化している，などの課題である（笹川スポーツ財団，2019）。時代や社会の変化とともに，「ささえる」スポーツの魅力の在り方も再考する必要があるといえるだろう。

3 スポーツとのかかわり方をアップデートする

スポーツの「ミカタ」を変えて社会のジェンダー平等をめざす

スポーツ報道には，「みる」スポーツとして楽しむだけではない，これまで着目されてこなかった可能性がある。それは，メディア・リテラシーを磨くコンテンツとして，さまざまなスポーツ報道を活かすことである。メディア・リテラシーとは，さまざまなメディアから発信される情報にアクセスし，それらの情報を主体的に分析・評価することを通じて，自己表現やコミュニケーションを創造する能力を意味する。それは，市民として社会に参加し，ライフスタイルを確立・実践するために欠かせない，基本的なスキルである。

オリンピックや世界選手権などのメガ・スポーツイベントには，文化・政治・宗教などが多様である世界中の人々が集まる。こうしたイベントはメディアで報じられる機会が多く，報じられる国の選手の活躍や単なる勝敗結果にとどまらない内容を含む場合がある。つまり，人々が生きる「社会の縮図」がメディアに映し出されていると考えることができる。

例としてジェンダー平等をテーマに2021年に開催された東京オリンピック大会のメディア報道について考えて見よう。この大会に関する報道では，森喜朗元組織委員会会長の女性蔑視の発言をはじめとして，ウェイトリフティング競技に出場したトランスジェンダー・アスリート，アスリートを性的対象として扱うことの問題性とそれに対する女性アスリートからの異議申し立て，地方自治体の首長や有名タレントによる金メダリストへのセクシュアル・ハラスメント的な発言などが報じられた。これらに関する賛否両論の多様な報道は，私たちが生きる社会のジェンダー平等に関する現在地点を理解させ，不平等が生じる本質的な理由とその解消の手がかりを読む者に考えさせてくれる。スポーツという身近な分野での出来事がテーマであるために，他者とのコミュニケーションや自己表現がしやすいと感じる人も多い。

国際オリンピック委員会（IOC）が2021年に公表した「ジェンダー平等，公平性の確保のためのポートレイヤル（表象）ガイドライン改定版」は，スポーツ報道を通じて社会のジェンダー平等を考える手がかりを提供してくれる。こうしたガイドラインは，スポーツ場面だけでなく，自分自身が日常生活を送る職場や家庭の環境をより良いものにしたり，次世代の教育に活かすための知識として参照することができる。

女性のサッカーは「女子サッカー」と表示されるのに「男子サッカー」と呼ばれないのはなぜか。「ママさんアスリート」は特別視されるのに「パパさんアスリート」のことが報じられないのはなぜか。「美しすぎる女性アスリート」「イケメンアスリート」など，スポーツのプレーの素晴らしさとは無関係な価値でアスリートたちが評価されてしまうのはなぜか。

たくさんの「なぜ」を見つけ，考える素材がスポーツ報道にはちりばめられている。スポーツの新しい「ミカタ」は，ライフスタイルを確立し，人生を豊かにすることにつながるだろう。

より良い社会を築くツールとしてのスポーツ

国連は，2015年９月のサミットで「持続可能な開発のための2030アジェンダ」を全会一致で採択した。このアジェンダには，2030年までに世界が達成するべき17の持続可能な開発目標（Sustainable Development Goals, SDGs）が設定されている。

スポーツは，SDGs 以前に設定されていた「ミレニアム開発目標（Millennium

図表 10－1　SDGs の17目標と目標達成に利用可能なスポーツの機能

SDGs の目標	目標達成に利用可能なスポーツの機能
目標 1 貧困をなくそう	幸福，経済への参加，生産性，レジリエンスへとつながる社会面・雇用面・生活面でのスキルを学び，実践する手段
目標 2 飢餓をゼロに	栄養と農業に関連するスポーツ・プログラムは，飢餓に取り組む食料プログラムや関連する教育を補完する要素を含む。対象者に持続可能な食料生産やバランスの取れた食生活に取り組む指導に役立てることができる。
目標 3 すべての人に健康と福祉を	スポーツはアクティブなライフスタイルや精神的な安寧の重要な要素。非伝染性疾病などのリスク予防に貢献したり，性と生殖その他の健康問題に関する教育ツールとしての役割も果たす。
目標 4 質の高い教育をみんなに	スポーツは自己肯定感を高め，就学年齢児童の学校教育における就学率や出席率，さらには成績の向上に寄与する。スポーツを中心とするプログラムは，初等・中等教育以後の学習機会や，職場や社会生活でも応用できるスキルの取得に向けた基盤になる。
目標 5 ジェンダー平等を実現しよう	女性と女児の社会進出を可能にする知識やスキルを身に着けさせる要素が含まれたスポーツプログラムは，ジェンダーの平等と，その実現に向けた規範や意識の変革をもたらす。
目標 6 安全な水とトイレを世界中に	スポーツは，水衛生の要件や管理に関するメッセージを発信するための効果的な教育基盤となりえる。スポーツを中心とするプログラムの活動とその成果を水の利用可能性と関連づけることにより，問題の改善を図ることができる。
目標 7 エネルギーをみんなにそしてクリーンに	スポーツのプログラムと活動を，省エネの話し合いと推進の場として利用すれば，エネルギー供給システムと，これに対するアクセスの改善をねらいとする取り組みを支援できる。
目標 8 働きがいも経済成長も	スポーツ産業・事業の生産，労働市場，職業訓練は，女性や障害者などの社会的弱者集団を含め，雇用可能性の向上と雇用増大の機会を提供する。スポーツはより幅広いコミュニティを動員し，スポーツ関連の経済活動を成長させる動機にもなりえる。
目標 9 産業と技術革新の基盤をつくろう	レジリエンスと工業化のニーズは，災害後のスポーツ・娯楽用施設の再建など，関連の開発目標の達成をねらいとするスポーツ中心の取り組みによって，一部充足できる。
目標10 人や国の不平等をなくそう	開発途上国におけるスポーツの振興と，スポーツを通じた開発は，途上国間および先進国との格差を縮めることに貢献する。スポーツは，その人気と好意度の高さにより，手を差し伸べることが難しい地域や人々の不平等に取り組むのに適したツールとなる。
目標11 住み続けられるまちづくりを	スポーツは排除のないコミュニティの形成に貢献することから，気軽に利用できるスポーツ施設やサービスを提供することがこの目標の達成に資するだけでなく，他の方面での施策でインクルーシブでレジリエントな手法を採用する際の好事例にもなる。
目標12 つくる責任 つかう責任	スポーツ用品の生産と提供に持続可能な基準を取り入れれば，その他の産業の消費と生産のパターンで，さらに幅広く持続可能なアプローチを採用することに役立つ。この目的に関するメッセージやキャンペーンは，スポーツ用品やサービス，イベントを通じて広めることができる。

目標13 気候変動に具体的な対策を	観光を伴う大型スポーツ・イベントをはじめとするスポーツ活動やプログラム，イベントでは，環境の持続可能性についての認識と知識を高めることをねらいとした要素を組み入れたり，気候課題への積極的な対応を進めることができる。また，被災者の間に絆と一体感を生み出すことで，災害後の復興プロセスを促進することが可能である。
目標14 海の豊かさを守ろう	水上競技など，スポーツ活動と海洋とのつながりを活用し，スポーツだけでなく，その他の分野でも，海洋資源の保全と持続可能な利用を提唱できる。
目標15 陸の豊かさも守ろう	スポーツは，陸上生態系の保全について教育し，これを提唱する基盤となりえる。屋外スポーツには，陸上生態系の持続可能で環境にやさしい利用を推進するセーフガードや活動，メッセージを取り入れることもできる。
目標16 平和と公正をすべての人に	スポーツは復興後の社会再建や分裂したコミュニティの統合，戦争関連のトラウマからの立ち直りに役立つことがある。スポーツ関連のプログラムやイベントが，社会的に隔絶された集団に手を差し伸べ，交流のためのシナリオを提供することで，相互理解や和解，一体性，平和の文化を推進するためのコミュニケーション基盤の役割を果たすことができる。
目標17 パートナーシップで目標を達成しよう	スポーツは，草の根からプロのレベル，また，民間から公共セクターに至るまで，スポーツを持続可能な開発に活用するという共通の目的を持つ多種多様なパートナーやステークホルダーの強力なネットワークを提供できる。

出典：国連広報センター HP より筆者作成。

Development Goals，MDGs)」の時期から，国際目標に貢献する分野として着目されてきた。2002年以降，国連では MDGs の目標を達成するためのスポーツの役割が専門的な部署で検討されるようになり，2008年にはスイス・ジュネーブに本部を置く「国連平和と開発のためのスポーツ局（UNOSDP)」が設置された。

国連広報センターでは，SDGs の17の目標に対するスポーツの貢献可能性が表10-1のように示されている。この表からは，「する」「みる」「ささえる」というスポーツへの直接的なかかわり以外にも，さまざまな分野でのスポーツの活用可能性を知ることができる。このような国際的な動向には，社会生活へのスポーツの応用範囲の広さとともに，スポーツが個人の人生観や価値観の創造に積極的な影響を与える活動であると考えられるようになってきたことが示されている。

4 スポーツ嫌いでも「スポーツ的な人生」を送ることはできる

スポーツの定型イメージから飛び出す

高齢化社会のなかで,「アンチエイジング」という言葉に関心が集まっている。「抗加齢」などの訳をあてはめることができる言葉である。その言葉から「加齢」に対するネガティブなイメージをもつ人もいるのではないだろうか。スポーツは「健康的に加齢する」という,誰もが直面するミッションにおいて,重要な役割を果たすとされてきた。「スポーツによって身体機能や認知機能を衰えさせないようにする」ことに着目させる物語は,社会にあふれている。確かに,科学的にみても,スポーツは人々が「健康で若々しい高齢者」でいるためのツールとして役立つといえる。

一方で,このような価値観に基づけば「年老いた高齢者」は排除されたり,否定的な価値でとらえられることにもつながり兼ねない。現代の社会では,女性は若い頃には「美しく,スリム」であることを,男性は「たくましく力強い」ことを求められ,年を重ねるにつれ,性別にかかわらず「健康で若々しく」いることが求められる傾向がある。このすべてにおいて,スポーツは役立つとされている。しかし,スポーツとのかかわりは,このような美や健康に対する何か強迫めいた,役立つものとしてだけにとどまらない。

スポーツに取り組む目的について問われた調査を経験したことがあるだろうか。その回答について,日本と欧米のスポーツ先進国を比較すると,興味深い違いがあったというエピソードがある。日本の場合「健康のため」と回答する割合が高いが,他国では「目標を実現できる自分でいるため」という回答の割合が高い,というのである。日本で最も高い割合を示す回答からは,「健康になって,どのように生きたいのか」という目標が意識されているかどうかは伝わってこない。

社会の価値観のなかで求められる人間像でいられるよう,社会で「あるべき」とされる姿から排除されないためにだけスポーツとつきあうのは,あまりにもったいないのではないだろうか。

「身体能力を競うもの」としてのスポーツ・イメージは，特定の社会の文脈のなかでだけ通用していることを示す過去の例もある。今から約120年前の1904年に米国のセントルイスで開催されたオリンピック大会での出来事である。この大会では，「人類学の日」と名づけられた競技が実施された。「西欧人からも，『文明化』した非西欧人からも『未開の』他者として分類された人々だけによる『人種間』運動競技」と評され，人類学およびスポーツ史研究上，人種差別的発想が背景にあった競技だとされている。

この競技について調べた研究では，大会の運営者たちが競技を成立させるのが困難だったことが指摘されている。さまざまな文化的背景をもつ参加者のなかには，「ベストを尽くす」ということの意味，同じルールで人々が勝ち負けを競うことの意味を見出せない人々がいて，西欧的な価値観からすれば「真面目にやらない」ということになってしまったというのである（渋谷 2016）。このエピソードは，何事も競争的にとらえ，成果を上げることを求める社会の価値観が浸透した現代にも示唆を与えてくれる。いかにあたりまえに思える価値観だとしても，すべての人が同じ物差しで物事をとらえているわけではないと気づかせてくれる。

オリンピックの創始者がスポーツに求めたもの

「観察，批判的思考，自制心，計算に基づく努力，エネルギーの使い方，さらには失敗に直面した際の実践哲学の種をまく。」

近代オリンピック大会の創始者であるピエール・ド・クーベルタンは，スポーツが個人に与える影響をこのような言葉で残している。この言葉からは，スポーツの本来の価値が，人生で大切なこと，いわば人生哲学を学ぶためのものだと考えられていたことが理解できる。ちなみにクーベルタンは，芸術や音楽と向き合うことによって，スポーツと同様に，人生哲学を学ぶことができると考えていた。

この章では，「する」「知る」「みる」「ささえる」という，国内で一般的に想定されているスポーツとのかかわり方について，現状と課題を示した。これらの情報は，スポーツに対して一定の関心がある人／これからスポーツに取り組もうと考えている人にとっては，自分自身のスポーツとのかかわりが現状のどこに位置づくかに気づき，今後，どのようにかかわっていくかを考えることに役立てることができるだろう。4つのかかわり方のいずれも，健康や余暇の楽しみ方などの日常生活の様式を創造することに結びつく。また，どのようにかかわったとしても，人とのつながりを広げ，豊かにすることから，多様なライフスタイルを知る機会にもなるだろう。

加えて，本章では，従来の枠を超えた発想でスポーツをとらえ，新しいかかわり方が可能であることも示した。そこには，これまでスポーツに関心をもたなかった人が自分自身のライフスタイルを確立し，実践するための手がかりもあるのではないだろうか。

学習課題

1．新聞，雑誌，テレビ，インターネット動画，CMなど，スポーツを扱ったメディア報道にジェンダー不平等，人種差別，人権侵害などに関し，①それらを増幅させたり，浸透させてしまうような表象，②それらを解消する効果がある表象，がないか分析・評価してみよう。

2．学生生活や社会に出た後のライフスタイルにスポーツを活用するさまざまな方法について，①個人，②身近な仲間，③地域や会社，④社会の課題の4つの分野を対象に考え，グループで共有しよう。

スタディガイド

① 飯田貴子・熊安貴美江・來田享子編著（2018）『よくわかるスポーツとジェンダー』ミネルヴァ書房。
　⇨ジェンダーを切り口に，スポーツを通して社会の「あたりまえ」や「ふつう」に疑問をもち，固定的な価値観から解放される道筋を歴史・教育・メディア・諸外国のスポーツ政策などの観点から読み解く図書。

② 岡田千あき編著（2020）『スポーツで蒔く平和の種　紛争・難民・平和構築』大阪大

学出版会。

⇨コソボ，カンボジア，東ティモール，南スーダンなど，さまざまな国と地域での活動経験を通して，スポーツが紛争，停戦，復興，開発へと移行するさまざまな段階でどのような役割を担うことができるのか，その可能性を探る図書。

引用・参考文献

公益財団法人笹川スポーツ財団（2015）「わが国のスポーツ予算の検証〜スポーツ予算とスポーツ基本計画〜」

https://www.ssf.or.jp/Portals/0/resources/research/report/pdf/2014_report_26.pdf

公益財団法人笹川スポーツ財団（2019）「Jリーグクラブのボランティアに関する調査」

https://www.ssf.or.jp/files/Jleague_volunteer2020.pdf

公益財団法人笹川スポーツ財団（2021）「スポーツライフ・データ2020」。

公益財団法人笹川スポーツ財団（2021）「新型コロナウィルスによる運動・スポーツへの影響に関する全国調査（ポストコロナを見据えた持続可能なスポーツライフの在り方）」。

渋谷努（2016）「異文化としてのオリンピック：第3回セントルイス・オリンピック大会「人類学の日」から」石堂典秀・大友昌子・木村華織・來田享子編著，『知の饗宴としてのオリンピック』エイデル研究所，pp. 240-241。

スポーツ庁（2021）「令和3年度予算（案）主要事項」

https://www.mext.go.jp/sports/content/20210115-000012172-01.pdf

スポーツ庁健康スポーツ課（2021）令和2年度「スポーツの実施状況等に関する世論調査」

https://www.mext.go.jp/sports/content/20200507-spt_kensport01-0000070034_8.pdf

（Web）スポーツ庁，室伏長官が考案・実演する身体診断「セルフチェック」動画。

https://www.mext.go.jp/sports/b_menu/sports/jsa_00040.html

（Web）順天堂大学女性スポーツ研究所，成長期アスリートサポート。

https://www.juntendo.ac.jp/athletes/research-products/surari/

IOC（2021）「PORTRAYAL GUIDELINES - GENDER-EQUAL, FAIR AND INCLUSIVE REPRESENTATION IN SPORT」 https: //stillmed. olympics. com/media/Documents/Beyond-the-Games/Gender-Equality-in-Sport/IOC-Portrayal-Guidelines.pdf なお，このガイドライン和訳は東京2020大会組織委員会のサイト（https://www.tokyo2020.jp/image/upload/production/mdantpv0xyza3odwipqx.pdf）に公開されているが，同委員会は時限的な組織であることから大会後も何らかの形で継続して和訳が公表されることが期待される。

（インターネット上に公開された情報や文献の URL はすべて2021年12月19日に接続確認済み）

（來田享子）

人名索引

事項索引

サ行

タ行

ナ行

ハ行

マ行

執筆者紹介（*は編著者，執筆順）

*吉田あけみ（よしだ・あけみ）序章・第1章

奥付編著者紹介参照。

水野英莉（みずの・えり）第2章

流通科学大学人間社会学部教授

主著　『ただ波に乗る Just Surf――サーフィンのエスノグラフィー』（晃洋書房，2020年），“Multiple marginalization?: representation and experience of bodyboarding in Japan”, Lisa Hunter (ed.), *Surfing, Sex, Genders and Sexualities* (Routledge, 2018).「オリンピック・ウオッシング？――サーフィンがオリンピック競技になるとき，ジェンダー平等／公正は実現するのか」『大原社会問題研究所雑誌』755・756（2021年9・10月）

藤原直子（ふじわら・なおこ）第3章

椙山女学園大学人間関係学部教授

主著　松下晴彦・伊藤彰浩・服部美奈編『教育原理を組みなおす――変革の時代をこえて』（共著，名古屋大学出版会，2022年），「『性の多様性』教育におけるフェミニスト・ペダゴジーの視座」『中部教育学会』（第20号，2021年），吉田あけみ編著『ライフスタイルからみたキャリアデザイン』（共著，ミネルヴァ書房，2014年）

小倉祥子（おぐら・しょうこ）第4章

椙山女学園大学人間関係学部教授，博士（学術）。

主著　「男女格差とは何か――2020春闘への期待」『Int'lecowk』（1097号，国際経済労働研究，2020年），『わたしのキャリア・デザイン――社会・組織・個人』（共著，ナカニシヤ出版，2014年），吉田あけみ編著『ライフスタイルからみたキャリア・デザイン』（共著，ミネルヴァ書房，2014年）

加藤容子（かとう・ようこ）第５章

椙山女学園大学人間関係学部教授，博士（心理学）

主著 『ワーク・ファミリー・コンフリクトの対処プロセス』（ナカニシヤ出版，2010年），『わたしのキャリア・デザイン――社会・組織・個人』（共著，ナカニシヤ出版，2014年），『産業・組織心理学――個人と組織の心理的支援のために』（共編著，ミネルヴァ書房，2020年）

村林聖子（むらばやし・せいこ）第６章

愛知学泉大学現代マネジメント学部教授

主著 「J.S. ミルの〈女性の隷従〉と〈国民性格学〉における主体的法形成」菅原寧格・郭舜編『公正な法をめぐる問い』（信山社，2021年），「「他者」を存在させるために――J.S.ミルの思考枠組と社会状態」日本法哲学会編『法哲学年報2019』（有斐閣，2020年）

小榮住まゆ子（こえずみ・まゆこ）第７章

椙山女学園大学人間関係学部准教授，博士（臨床福祉学）

主著 太田義弘編著『ソーシャルワーク実践と支援科学――理論・方法・支援ツール・生活支援過程』（共著，相川書房，2009年），杉本敏夫・安場敬祐編著『テキストブック社会福祉』（共著，ふくろう出版，2013年），太田義弘・中村佐織・安井理夫編著『高度専門職業としてのソーシャルワーク――理論・構想・方法・実践の科学的統合化』（共著，光生館，2017年）

小倉有子（おぐら・ゆうこ）第８章

安田女子大学家政学部准教授，博士（食品栄養科学）

主著 「第５章　新生児期，乳児期」栢下淳・上西一弘編『栄養科学イラストレイテッド　応用栄養学　改訂第２版』（羊土社，2020年），「ライフステージ・ライフスタイル別栄養教育 乳幼児の栄養教育」土江節子著，編集『食物と栄養学基礎シリーズ　栄養教育論　第６版』（学文社，2020年），「栄養士・管理栄養士におけるグルテンフリー食の知名度と理解度」『日本病態栄養学会誌』（共著，23巻２号，2020年）

風間　孝（かざま・たかし）第9章

中京大学教養教育研究院教授

主著　『同性愛と異性愛』（共著，岩波書店，2010年），『教養としてのジェンダーと平和』（共編著，法律文化社，2016年），『教養のためのセクシュアリティ・スタディーズ』（共著，法律文化社，2018年）。

來田享子（らいた・きょうこ）第10章

中京大学スポーツ科学部　教授

主著　「教育におけるスポーツの市民権獲得――クーベルタンの目論みと「あるべき身体の承認の場」の相克」『日本の教育史学』（63：14-18，2020年），「オリンピックは必要とされているのか」石堂典秀・建石真公子編著『スポーツ法へのファーストステップ』（法律文化社，2018年），『よくわかるスポーツとジェンダー』（共編著，ミネルヴァ書房，2018年）。

編著者紹介

吉田あけみ（よしだ・あけみ）

1986年　上智大学大学院文学研究科社会学専攻博士後期課程単位取得満期退学。

現在　椙山女学園大学人間関係学部教授。

主著　『家族データブック』（共著，有斐閣，1997年）

『ネットワークとしての家族』（共編著，ミネルヴァ書房，2005年）

『ライフスタイルからみたキャリア・デザイン』（編著，ミネルヴァ書房，2014年）

ライフキャリアを考えるための論点10
――ライフスタイルの選択――

2022年5月20日　初　版第1刷発行　〈検印省略〉

定価はカバーに
表示しています

編著者　吉田あけみ
発行者　杉田啓三
印刷者　坂本喜杏

発行所　株式会社　ミネルヴァ書房
607-8494　京都市山科区日ノ岡堤谷町1
電話代表(075)581-5191
振替口座01020-0-8076

冨山房インターナショナル・新生製本

ISBN 978-4-623-09326-7
Printed in Japan